人类大历史

The Little Book of
Big History

〔英〕伊恩·克夫顿（Ian Crofton） 〔英〕杰里米·布莱克（Jeremy Black）◎著　杨晓◎译

图书在版编目（CIP）数据

人类大历史 /（英）伊恩·克夫顿，（英）杰里米·布莱克著；杨晓译 . -- 北京：中国友谊出版公司，2024.7. -- ISBN 978-7-5057-5898-8

Ⅰ．K109

中国国家版本馆 CIP 数据核字第 2024XN7001 号

著作权合同登记号　图字：01-2024-1585

The Little Book of Big History, by Ian Crofton and Jeremy Black
First published in Great Britain in 2016 by Michael O'Mara Books Limited
Copyright © Ian Crofton and Michael O'Mara Books Limited 2016
Simplified Chinese rights arranged through CA-LINK International LLC
All rights reserved.

书名	人类大历史
作者	[英] 伊恩·克夫顿　[英] 杰里米·布莱克
译者	杨　晓
出版	中国友谊出版公司
发行	中国友谊出版公司
经销	新华书店
印刷	大厂回族自治县德诚印务有限公司
规格	880 毫米 ×1230 毫米　32 开 8 印张　184 千字
版次	2024 年 7 月第 1 版
印次	2024 年 7 月第 1 次印刷
书号	ISBN 978-7-5057-5898-8
定价	69.00 元
地址	北京市朝阳区西坝河南里 17 号楼
邮编	100028
电话	(010) 64678009

目 录
CONTENTS

第一部分
从宇宙大爆炸到生命创生

002 ◎ 时间线

003 ◎ 万物的起点

005 ◎ 恒星的诞生与死亡

007 ◎ 适居带

009 ◎ 不安分的地球

012 ◎ 塑造地表

013 ◎ 细胞构成奇迹

015 ◎ 能量的来源

017 ◎ 踏上进化的阶梯

019 ◎ 生命的延续

021 ◎ 物种起源

023 ◎ 解码DNA

第二部分
动物主宰地球

- 026 ◎ 时间线
- 029 ◎ 最初的动物
- 031 ◎ 登陆后的生活
- 033 ◎ 恐龙王国
- 035 ◎ 大规模灭绝
- 037 ◎ 哺乳动物的降临
- 039 ◎ 人类的起源与演化

第三部分
人类主宰世界

- 044 ◎ 时间线
- 046 ◎ 错综复杂的家谱
- 048 ◎ 塑造人类的因素
- 050 ◎ 文化与持续发展
- 052 ◎ 人类占领世界
- 055 ◎ 漫长的冷却期
- 057 ◎ 从拾荒者到猎手
- 059 ◎ 跃动的火光
- 060 ◎ 狩猎采集者的技术

062 ◎ 语言的魅力

064 ◎ 亲属关系与人类团体

066 ◎ 早期的宗教

068 ◎ 艺术塑造世界

070 ◎ 居所的历史

072 ◎ 蔽体之物

074 ◎ 陶器的演化

075 ◎ 第一批农民

078 ◎ 动物的驯养

080 ◎ 依靠动物的力量

082 ◎ 车轮的发明

084 ◎ 游牧民族的生活

086 ◎ 从石器到青铜器

089 ◎ 从青铜器到铁器

第四部分

人类的文明

094 ◎ 时间线

097 ◎ 早期贸易路线

100 ◎ 城市的诞生

103 ◎ 交通技术的发展

105 ◎ 从以物易物到货币交易

108 ◎ 便于交易的纸币

109 ◎ 信贷、债务和投资

111 ◎ 以文字储存知识

113 ◎ 法律的天平

115 ◎ 古代的帝国

117 ◎ 帝国的衰落

119 ◎ 多神论和一神论

121 ◎ 创作者与史诗

123 ◎ 书写历史

125 ◎ 对现实本质的思考

127 ◎ 对美好生活的构想

129 ◎ 科学的开端

131 ◎ 传染病的侵袭

133 ◎ 转型中的欧洲

135 ◎ 土地、劳动力和权力

137 ◎ 文明的冲突

第五部分

西方崛起

144 ◎ 时间线

147 ◎ 文艺复兴与改革

- 149 ◎ 通往宽容的漫漫长路
- 151 ◎ 绘画与印刷术
- 153 ◎ 科学革命
- 155 ◎ 欧洲的扩张
- 159 ◎ 启蒙运动
- 161 ◎ 工业革命
- 163 ◎ 农业革命
- 165 ◎ 社会契约
- 167 ◎ 从重商主义到自由市场资本主义
- 170 ◎ 民族主义与国家
- 174 ◎ 城市化的进程
- 176 ◎ 交通网络拓宽视野
- 178 ◎ 帝国主义的巅峰
- 181 ◎ 工会、社会主义和共产主义

第六部分

现代世界

- 186 ◎ 时间线
- 188 ◎ 艺术中的现代主义
- 191 ◎ 走向性别平等
- 194 ◎ 全新科学理论

196 ◎ 与疾病抗争

198 ◎ 世界大战的到来

200 ◎ 工业化的屠杀

203 ◎ 凡尔赛和约及其后果

204 ◎ 暴力革命

206 ◎ 世界经济的崩溃

209 ◎ 极权主义

211 ◎ 全面战争

214 ◎ 种族灭绝

215 ◎ 核能时代

218 ◎ 冷战蔓延

220 ◎ 冷战后的世界

222 ◎ 信息革命

225 ◎ 生物科学的承诺

228 ◎ 国际主义、全球化和民族国家的未来

231 ◎ 人口的发展趋势

233 ◎ 移民的热潮

235 ◎ 经济的发展

238 ◎ 环境问题对世界的影响

241 ◎ 人类的未来

244 ◎ 宇宙的命运

[第一部分]
从宇宙大爆炸到生命创生

　　我们是如何一步步走到今天的？人类历史的背景故事无比漫长。若是没有一个物理学层面的立足点，我们的历史将无从书写。因此，为了真正了解自己，我们必须得先了解宇宙是如何产生的、恒星和行星是如何形成的，以及为什么我们的星球拥有生命诞生的最优条件。同样，我们也需要去了解生物工作和进化的机理，以及它们是如何与我们一同走向消亡的。

时间线

138亿年前：宇宙在大爆炸中诞生。

46亿年前：太阳系——包括太阳、地球和其他星球的形成。

45亿年前：月球形成，可能是地球与一颗火星大小的彗星撞击的产物。

42亿年前：海洋可能已经开始形成。

41亿—38亿年前：地球和其他内行星[①]多次遭到来自小行星[②]的撞击。

40亿年前：地球上现存最古老的岩石形成。海洋中可能出现了能自我复制的分子，如DNA。

37亿年前：表明地球生命存在的最早间接证据显示，存在某种以有机分子为食的类菌有机物。

34亿年前：蓝细菌（Cyanobacteria，即蓝绿藻）出现，它们通过光合作用获取能量。

24.5亿年前：作为光合作用的副产物，地球大气层中的自由氧开始累积。

---

① Inner planet，指绕日轨道在地球以内的行星，即水星、金星。本书所有注释均为译者注。
② Asteroid，在太阳系内是指同样绕日运行但体积和质量都比行星小得多的天体。绝大多数小行星都集中在火星与木星轨道之间的小行星带。

万物的起点

在现代科学到来之前,不同的宗教信仰都探讨了地球和宇宙的年岁。一些基督徒相信,上帝在 6000 年前便创造了地球和宇宙。古印度教文献则相反,论述了创生和毁灭的无限轮回。

18 世纪末,地理学家们开始意识到,地球肯定比人们之前预想的(至少在欧洲范围内是这样)要古老许多——就算没有数十亿年,也有数百万年之久。然而,20 世纪后科学家们公认的理论是,宇宙本身是永恒且处于某种"稳定状态"的。恒星会出现也会消亡,但宇宙的总体积是恒定不变的。

这一理论的首个漏洞出现在 20 世纪 20 年代。美国天文学家埃德温·哈勃(Edwin Hubble)观察到,一个星系离我们越远,它退行的速度就越快。因此,他得出结论,认为宇宙正在膨胀,而这一膨胀的过程源于一场最简单的巨型爆炸,即后来广为人知的"宇宙大爆炸"(the Big Bang)。

稳定状态理论和大爆炸理论的支持者们一直争论不休。然后,时间来到 1964 年,两位在新泽西工作的射电天文学家阿诺·彭齐亚斯(Arno Penzias)和罗伯特·威尔逊(Robert Wilson)注意到,他们高敏度的微波接收器正持续受到来自各个方向的干扰,其波长相当于比绝对零度高 2.7 摄氏度的波长。起初,他们以为这是由于这里和纽约城距离过近,或是设备受到了鸽子排泄物的影响。最后他们终于意识到,接收器捕获的是大爆炸的回声。如果你调换收音机的频道，一部分你所听到的电台间的"白噪声"正是来自时间之初的这一回声。

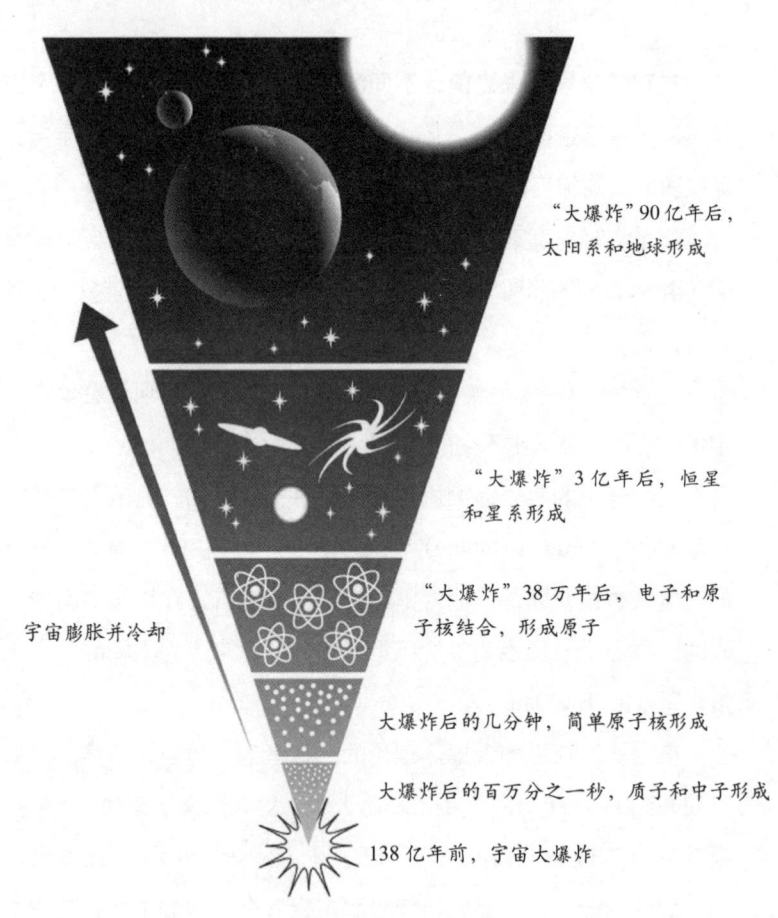

宇宙大爆炸

现如今，宇宙学家们提出了一个时间表，将大爆炸定位在距今约138亿年前的一个点上：那是一个奇点，其密度和温度都是无限的。在 10^{-36} 秒和 10^{-32} 秒之间，宇宙的体积至少扩大了 10^{78} 倍。这一阶段中，唯一的物质是基本粒子，如夸克和胶子。在大约 10^{-6} 秒时，随着膨胀的减缓和温度的下降，夸克和胶子聚合到一起，形成了质子和中子。几分钟之后，温度进一步下降到大约10亿摄氏度，此时质子和中子聚合成氘和氦的核，而大多数质子则作为氢原子核处于离散状态。最终，带正电的原子核吸引带负电的电子，形成第一批原子。这些简单的原子将会成为构成恒星的基本要素。

"宇宙为什么要如此大费周章地存在呢？"

史蒂芬·霍金（Stephen Hawking）《时间简史》（1988年）

恒星的诞生与死亡

伴随着早期宇宙的扩张，物质被均匀分布在空间中。然而，空间的密度出现了微小的不均匀，引力开始发挥作用，使得密度更高的区域会吸引越来越多的物质。就这样，基本由氢和氦组成的气体云团就形成了。它们被称作星云，是曾经孕育——并且也会继续孕育恒星的地方。

在引力的作用下，星云内密度更大的区域可能会开始向内坍缩，它们最终可能会拥有足够的密度和热量，使核聚变的开始成为可能——在这一反应中，氢会转化为氦，产生大量的光和热。正是这一过程，使得恒星——也包括太阳——能够发出如此强烈的光芒。

引力会将密度较大的几团气体区域拉到一起以形成恒星；它同样也会聚集多个恒星，以形成星系。我们的星系——银河系——有着 1000 亿—4000 亿颗恒星，它们的直径大约有 10 万光年——这意味着光以每秒 30 万千米的速度飞行，需要花费 10 万年才能彻底穿过它。我们的太阳位于银河系的一个旋臂①之上，离星系的中心大约有 3 万光年的距离。太阳最近的恒星是比邻星（Proxima Centauri），二者间的距离仅有 4.24 光年。而银河系只是宇宙中至少 1000 亿个星系之一。宇宙的大小则是一个仍需推测的问题，然而我们能够观察到的部分就已经有 930 亿光年的直径了。

"奇迹不是群星领域之广阔，而是人类成功测量了它。"
阿纳托尔·法朗士（Anatole France）《伊壁鸠鲁的花园》（1894 年）

不同大小的恒星在自身的生命周期内可能会经历特定的事件。那些大小近似于太阳的恒星，其表面会以大约 6000 摄氏度的温度燃烧（核心的温度则要更高），在它们耗尽自己的氢气之前，这一燃烧的过程会持续至少 100 亿年。在这一阶段，它们的核心会收缩，温度会上升到 1 亿摄氏度，令氦聚变得以开始。恒星开始膨胀成红巨星，大概比其初始阶段要大上 100 倍，之后它会收缩成一颗白矮星，缩小为原来的 1/100。

---

① 旋臂（spiral arm），指的是漩涡星系内年轻亮星、亮星云和其他天体分布成漩涡状，从里向外旋卷的形态。根据已知的结果来看，银河系是漩涡星系，从里向外伸出四条旋臂：人马座旋臂、猎户座旋臂、英仙座旋臂和三千秒差距臂。我们所生活的太阳系位于猎户座旋臂内。

恒星越大，寿命越短。例如，一颗 10 倍于太阳大小的恒星，仅在 2000 万年后就会变成一颗红巨星。随着温度的升高，恒星开始合成越来越重的元素，当它达到 7 亿摄氏度时，铁元素就诞生了。这一过程是构成地球等行星多种元素的起源——不只有铁，还有碳、氧和硅元素。

在这一阶段，恒星会在一次巨型爆炸中碎裂，这一爆炸被称作超新星，即一团由气体和尘埃组成的快速膨胀的云。它的中心是一个被称为中子星的物体，直径只有 10—20 千米，但密度很大，仅一立方厘米的物质就有 2.5 亿吨的质量。就算是更大的恒星，也可能以黑洞的形式结束自己的生命。黑洞是一个空间区域，密度大到连光都无法逃脱其巨大的引力。在我们银河系的中心可能存在着一个超大质量的黑洞。

适居带[①]

由太阳及其行星组成的太阳系，是在大约 46 亿年前由一个旋转着的尘埃和气体云组成的星云进化而来的。在引力的作用下，密度更大的一片尘埃会吸引越来越多的物质，从而形成行星。它们仍会沿着相同的方向旋转。

地球的大小不及太阳系最大行星——木星的十分之一，而木星又只有太阳的十分之一。地球离太阳有 1.5 亿千米远，木星的距离是

---

① The "Goldilocks Zone"，也可音译为古迪洛克带，天文学空间名称，指行星系中适合生命存在的区域，可能有利于生命的发展甚至出现高等生命。

它的5倍，而处于最外围的大行星海王星，距离则是它的30倍。水星、金星、地球和火星属于相对较小的行星，它们的成分主要是岩石；木星、土星、天王星和海王星均属巨大的外行星，大部分由包裹着较小岩石核心的气体组成。

细胞是我们所知的生命的基础，为了使细胞能够正常运转，液态的水是必要的。水星和金星距太阳过近，因此不具备这种条件。而生命存在的条件可能曾在火星上成立过，在其表面运行的NASA[①]探测车就正在探索这种可能性。其他外行星的温度过低，无法支持生命的存在，尽管在它们某些卫星的表面下也可能存在液态水。

然而，地球是我们已知太阳系中唯一一个拥有生命的行星。据说它位于"金发女孩带"，即恒星周边正好适合生命存在的区域。在金发女孩[②]和三只熊的故事里，金发女孩选择了不热不冷的粥，不大不小的椅子和不软不硬的床。地球离太阳不近也不远（因此也不至于过热或过冷），因此水能够以液体状态存在。地球又足够大，这样就能产生强大的引力场来稳定大气层，从而保证有足够的大气压来让液态水留存在地球表面。

> **我们在宇宙中是孤独的吗？**
>
> 根据近期对银河系的详细观察，它可能有着多达110亿颗地球大小的行星，这些行星在适居带内围绕着它们自己的"太阳"

[①] 美国国家航空航天局，全称为 National Aeronautics and Space Administration。
[②] 即"Goldilocks"，意义为金发女孩。基于她与三只熊的童话故事已发展出一条"金发女孩定理"（The Goldilocks Principle），在认知科学和心理学、经济学、天文学和现代医学等不同领域都有应用。

恒星运行。最近的一颗这样的行星据说在12光年之外，这意味着从地球发出的无线电信号要花12年才能抵达那里。然而，即使拥有这些最基础的条件，也不一定意味着某颗星球上就一定有生命存在——更不用说它是否已经进化到了能向我们发送无线电信号的阶段。实际上，尽管世界各地的射电望远镜在近几十年来一直孜孜不倦地检测着电波，但我们仍未探测到任何外星智慧生命存在的迹象。

不安分的地球

我们的星球是一个不太规则的球体，像洋葱一样由许多层构成。球体的中心是地球的地核，由固体铁构成。包裹着它的首先是一层外核，由融化的铁组成；然后是地幔，由被称为岩浆的熔融岩石组成。在地幔上层漂流的是一层薄薄的壳，由固态岩石组成。我们就生活在这层地壳的表面上。尽管人类曾经登上过月球，却还不能深入到地球表面下4千米以上的深度，而最深的矿井正是4千米。

地球还有一层构造，是它气态的皮肤。这就是大气层，超过四分之三是氮气，五分之一是氧气，即对大多数生命形式来说不可或缺的元素。大气层里还有少量其他气体，其中的二氧化碳和甲烷——即所谓的温室气体——对维持地球上的生命有着非常关键的作用。水蒸气的存在也同等重要，它是一切天气系统中的关键成分。随着高度的增加，大气层的密度会逐渐降低，并逐渐消退到宇宙之中。

大气层中的气体处在不断运动的状态中，而构成地壳的岩石板块也是如此。科学家们曾经认为，陆地和海洋的位置从未改变过。之后，在1915年，一位名叫阿尔弗雷德·魏格纳（Alfred Wegener）的德国气象学家指出，陆地并不是静止的，它会随着时间的推移而漂移。他观察到，南美洲东海岸的岩石和化石与非洲西海岸的非常相似，且不只在这两处，还在马达加斯加、印度和澳大利亚都发现了某些早已灭绝的植物。

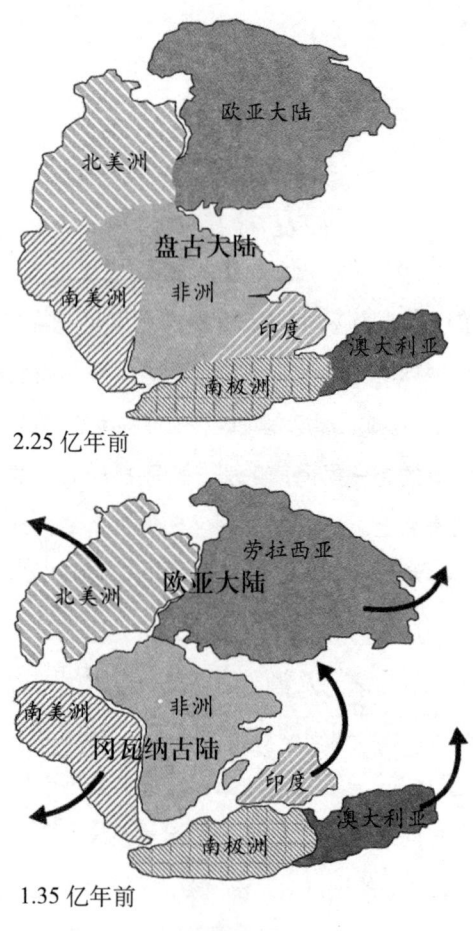

大陆的漂移

多年来，越来越多的证据浮出水面，证实了魏格纳的大陆漂移说。很显然，这一漂移的过程对世界各地不同种群的动植物分布和扩散起到了非常关键的作用。如今，地质学家一致认为，两块巨大的陆地——北部的劳拉西亚（Laurasia）和南部的冈瓦纳古陆（Gondwanaland），在大约3亿年前走到一起，组成了一块更大的超级大陆——盘古大陆（Pangaea）。盘古大陆在大约2亿至1.8亿年前开始分裂，回到了起初两块大陆的状态，最终形成了如今各自独立的大陆。

但直到20世纪60年代，科学家们才探明了大陆漂移的发生机制，并将其命名为板块构造论（plate tectonics）。地球的地壳由不同的板块组成，它们漂浮在液态的地幔之上，因此能够向不同方向移动。

火山之冬

大多数地震和火山爆发，都发生在世界上最活跃的板块交界处上，这些事件会对地球上的生命造成毁灭性的影响，包括大规模的物种灭绝。历史上最大规模的火山爆发是发生在1815年印度尼西亚的坦博拉火山。它向地球大气层喷射了大量的火山灰，使得阳光被遮挡数个月之久，因此1816年被称为"无夏之年"。这一灾难使得农作物歉收，牲畜死亡，并在欧洲和北美洲引发了大规模饥荒。

塑造地表

地表的不同形式和特征，对生命的进化方式起到了决定性作用。生物已经适应了各类物理环境——海洋、海岸、河流、湖泊、山丘、平原——甚至天空。不论是海洋和山川起到的隔断作用，还是大河的存在使农业和贸易的发展成为可能，这一系列的地表特征也深刻影响了人类历史。

地表最基础的构成材料是岩石。我们会觉得它坚固且耐久，但在漫长的岁月中，它也能被摧毁和再造。这一系列相关过程被称为岩石循环（the rock cycle），部分由太阳驱动，部分由地壳下的热量驱动。

太阳的热量会蒸发水分，这就形成了能够降水或降雪的云。水会侵蚀岩石，冰会分裂岩石，雪会堆积并形成冰川，滑落时又会磨掉岩石。河流会冲走这些被侵蚀掉的物质，它们会以黏土或沙子的形式堆积在其他地方，通常是沉积在海底。随着这些沉积物的层层堆积，它们会被压缩并再次形成岩石。在很长一段时间内，一些深层的沉积岩会承受大量来自上方的压力和来自下方的热力，最终蜕变为完全不同种类的岩石。例如，石英岩就是变质的砂岩。除了沉积岩和变质岩之外，第三种岩石是火成岩，由地壳之下的深层岩浆向地表上升而成。有时岩浆会被困在地表之下，形成花岗岩等岩石；有时它能通过火山和裂隙成功到达地表，并在那里凝固成玄武岩等岩石。

地球构造板块的运动也对塑造地表起到了一定作用。当一个板块被推到另一个板块下方深处时，它的岩石会被吸收到其下方的熔融地幔中。而就像在海洋中央时常发生的那样，当两个板块被拉开时，熔融的岩石会来到水表，形成巨大的中洋脊[①]。与之类似的火山活动也在其他地方创造或毁灭了山脉。山脉也可以由两个板块的挤压而产生，被挤压板块的沉积层会因此折叠起来。以这种方式，印度板块与亚洲其余部分发生碰撞，形成了喜马拉雅山脉，且还在以每年1厘米的速度增高。

地貌景观可以被其他运动所改变。河流和冰川可以凿出山谷，而河流又可以在沿海地区创造出新的区域，即由沉积物组成的三角洲。洋流和波浪的运动也会塑造海岸线，侵蚀物质并将其运往其他地方。这些变化都会对人类产生深远影响。例如，三角洲的形成可以提供肥沃的耕地，而那些靠海为生的人可能会因为海岸线的后退而陷入困境。

细胞构成奇迹

一切生物在刺激下都会做出反应，进食、成长、繁殖、自我修复和死亡。其中某些能力在非生命体中也能找到——晶体会以溶于水中的盐分"为食"，然后成长；机器人能对外界的刺激做出反应。那么，究竟是什么让生命体之间如此不同呢？

答案便是细胞，即我们熟知的构成生命体的基本单位。单个的细胞非常小——其直径还远不到一毫米。然而，它们也具备着科学

[①] Mid-ocean ridge，贯穿世界四大洋、成因相同、特征相似的海底山脉系列。

界已知最复杂的机制之一。一些细胞本身就是独立的生命体，而其他的则在更复杂的多细胞生命体中发挥着特殊的作用。单一人体内可能有着多达37万亿个细胞。

细胞可以从它们所处的环境中吸收多种原材料，并将其置于体内，来改变其化学成分，以创造更复杂的化合物。正是这种能力，使它们能够修复损伤，并通过分裂和再分裂来繁殖。

有四组化学物质对于细胞的构成和运转起到核心作用。第一组是核酸（DNA和RNA），可以将遗传信息编码，并执行编码中的指令。第二组由蛋白质组成，其中一些是结构性的，另一些则是酶——推动化学反应的催化剂。

蛋白质由更简单的基础构件——氨基酸组成。第三组是碳水化合物，其中一些是构成物质的基础要素，而其他则会储存能量。最简单的碳水化合物是葡萄糖，由植物通过光合作用产生。几乎所有的动物都要从植物中获取它们所需的碳水化合物。最后一组是脂类，是细胞膜的关键成分。

所有这些复杂的分子都是由为数不多的简单分子组成的，而这些分子中最主要的便是水和碳。水为许多其他化合物提供了氧和氢；除此之外，一个活细胞约有三分之二是由液态水组成的，它会溶解和运输许多更复杂的化合物。碳则能够与其他元素融合，制造出大量不同的有机化合物，且大部分都可溶于水。

生命之源？

像水和碳这样的简单分子，是如何形成生命所需的复杂化合物的呢？早期地球的大气由火山爆发排放的气体组成，如水蒸气（H_2O）、氢气（H_2）、氮气（N_2）、二氧化碳（CO_2）和一氧化碳（CO）。随着这些气体的冷却，氢气与氮气结合形成了氨气（NH_3），与二氧化碳和一氧化碳结合，又形成了甲烷（CH_4）。在（来自太阳的）紫外线和电火花（如闪电）的影响下，氨气和甲烷可以与水和二氧化碳结合，形成简单的氨基酸，受热后就可以连接起来组成蛋白质。通过类似的反应，可以得到组成DNA的成分。而且还有证据表明，氨基酸不只存在于DNA中，它也可能是由陨石带来地球的。

随着地球的冷却，大气中的水蒸气凝结成了早期海洋，许多不同的矿物和气体被溶解在其中。有可能在大约40亿年前的这个巨大的化学大杂烩中，出现了第一个能自我复制的分子——如DNA。

能量的来源

地球上的生命所依赖的几乎所有能量，以及人类最终在现代工业社会中使用的大部分能源，都来自于太阳。

自然界中的关键反应是光合作用，它利用太阳的能量，通过一系列化学反应，将水和二氧化碳转化为葡萄糖，即一种简单的碳水化合物，可以作为生物体的能量来源。

存在无需太阳的生物吗？

在地球上，并非所有生物都得仰仗太阳的能量生存。有些能量来自于地壳下方的熔岩层，通过火山口迸发而出。在诸如海洋底部的地方，这些所谓的海底热泉释放出充满硫化氢的热水。硫化氢这种气体对于大多数生物是有毒的，但也能为某些细菌提供

> 能量来源。这类细菌成为包括蛤蜊、帽贝、虾和巨型管虫等一些特殊族群的构成基础。

能够通过光合作用而制造自身食物的生物体，被称作初级生产者（primary producers）。陆地上大部分的初级生产者都是植物。而在海洋中，负责大部分初级生产工作的生物体是浮游植物，它们是极其微小的单细胞生物，如藻类和硅藻类。

这些进行光合作用的生物处于所有食物链的最底端。初级生产者是初级消费者（primary consumers）——食草动物的食物。它们反过来又被次级消费者（secondary consumers）——食肉动物捕食。有时，就算是食肉动物，也可能会被顶级食肉动物所捕食。比如，一只食用昆虫的小鸟，就会成为老鹰的食物。

由于物理定律的存在，能量的转移总是低效的，因此越在食物链的上方，那一层的个体种类就会越少。一只食草动物通常只能获得其食用植物10%的能量，其余部分就被浪费在未消化的物质，以及通过呼吸而损耗的热量中。

能源传递的最后阶段涉及了清道夫（scavengers）和分解者（decomposers）。诸如鼠妇和千足虫[①]都属于清道夫，它们以植物和动物的粪便和尸体为食。某些真菌和细菌则属于分解者，它们使用死亡体中剩下的任何能量来完成分解的过程。

人类以一系列不同的方式融入了食物链。一些社群主要吃素，他们采集种子、坚果和浆果，或是种植庄稼。另一些社群则主要食肉，

[①]巨型管虫（Millipede），也叫马陆，属倍足纲节肢动物的通称，多生活在潮湿处啃食枯枝落叶。

他们打猎或收集食材，或是饲养牛羊等牲畜。但无论是在过去还是现在，大多数社区都具有杂食性倾向，他们既食用植物也食用动物。尽管我们倾向于认为自己处于食物链顶端，但在一些生态系统中，我们也会意识到自己是一些更大更强悍食肉动物的佳肴。

除去食物之外，在过去我们完全依靠太阳来满足自己的能源需求。木柴属于植物物质，而化石燃料，如煤炭、石油和天然气，则都源于植物物质。我们能够从流水、波涛和风中提取出能量，而它们也来自由太阳驱动的大气系统。潮汐发电则有些不同，它仰仗于月球的引力，而太阳对此的引力则要小得多。地热能是来自地表深处的热量，而核能则会释放出锁定在原子核内的能量。

踏上进化的阶梯

在大约 40 亿年前，早期海洋中充满了各类丰富的化学物质，生命可能已经开始了进化。科学家们认为，拥有自我复制这一功能的复杂有机分子（如 DNA）的出现，是这一进程的关键时刻。

在地球历史的那个节点上，高层的大气中还没有形成臭氧层来阻挡太阳强烈的紫外线辐射。因此当这些复杂分子自我复制时，太阳辐射会让它们经历频繁地突变。其中一些分子可能因此制造出了更加适应周围环境的分子。自然选择很可能便是以这种形式而开始的。

例如，那些进行了更频繁的突变且突变方向更加正确的分子会更占优势；同理，那些能利用其他分子建立自己保护层的分子也是如此。实验表明，在经过了猛烈的火山运动并随后被冷水迅速冷却的环境下，氨基酸可以形成被膜包裹的结构。就这样，第一个细胞可能就要诞生了。

这些原始细胞应该是类似于细菌的简单生物，被称为"原核生物"，由一层外膜包裹着原生质组成。原生质是一种含有一系列大分子和小分子的凝胶状物质。DNA 位于原生质体的特定位置，除此之外就没有什么特殊构造了。原核细胞通过分裂成两个新的细胞来繁殖。而这些早期的微生物又以早期海洋中丰富的有机分子为食。

在大约 34 亿年前，随着有机分子的供应变得捉襟见肘，一组新的原核微生物完成了它们的进化。它们是蓝细菌，有一种新的进食方式：光合作用。依靠阳光的能量，光合作用能将二氧化碳和水转化为葡萄糖（一种单糖），氧气则是这一过程的副产品。在此之前，氧气对地球上的生物来说是有毒的；而现在，随着氧气逐渐在大气中积累，许多生命形式开始依靠这种气体生存。

下一个巨大的进步发生在 18 亿年前，那时更大、更复杂的细胞出现了。这些所谓的真核细胞有一个中央结构——细胞核，其内放置着 DNA。除此之外，它们还有着一系列其他具有特定功能的专门结构，即细胞器。一些细胞器有自己的 DNA，再加上某些细胞器与一些细菌很相似，使得美国生物学家林恩·马古利斯（Lynn Margulis）在 20 世纪 60 年代末得出结论，认为真核细胞起初的状态是不同类型原核细胞之间的共生（互利）关系。如今科学家们已经普遍接受了这个理论。

> "在进化的'阶梯'上，我们远没有将微生物抛在身后，我们既被它们包围，又由它们组成。"
>
> 林恩·马古利斯和多里昂·萨根（Dorion Sagan）《微观世界》（1986 年）

尽管我们自身和其他多细胞生物的细胞都是真核细胞，但最早的真核细胞仍然属于单细胞微生物，和现如今仍然存在的许多微生物很相似，如原生动物（有一些动物的特征）、黏菌类（有一些真菌的特征）和某些藻类（像植物，可以进行光合作用）。

伴随着真核细胞的出现，最重大的创新可能是性交的开始。在有性繁殖的过程中，亲代每一方都提供一部分遗传元素，并会导致更剧烈的变异，而这反过来又会加速进化的进程，因为更显著的变异能够让生物更快地适应不断变化的环境。

生命的延续

生物体的决定性特征之一，就是它们具有繁殖能力。一切事物，不论是生物还是非生物，终将走向衰败，因此繁殖提供了一种可以延续生命的手段。这是我们能够实现的最接近永生的方法。

诸如细菌的简单单细胞生物可以通过在个体中央发生分裂来繁殖：一个"母"细胞会成为两个"子"细胞。这就是无性繁殖。除了随机突变之外，母细胞和子细胞的基因是完全相同的。构成我们身体的细胞也以这种方式繁殖，让我们能修复损伤，并茁壮成长。

多细胞生物包括植物和一些动物，它们也可以进行无性繁殖。在所谓的营养繁殖（vegetative reproduction）中，一种在基因上与"母体"相同的新植物能够从一丁点根、一小段匍匐茎[①]、一片叶子，或

[①] Runner，指沿地平方向生长的茎，基部的旁枝节间较长，每个节上可生叶、芽和不定根，与整体分离后能长成新个体。典型的代表有草莓和马铃薯。

一小段细枝中长出来。而一些无脊椎动物，如海葵、海绵①和许多海生蠕虫②，都可以通过"出芽"来进行无性繁殖，这一过程指的是母体的一小部分生长，然后分离并形成一个新个体。

在有性生殖中，两个特化的性细胞（来自父亲的精子，和来自母亲的卵子）中的遗传物质会结合，形成一个新的细胞，并继承双亲的遗传特征。这个新细胞会不断分裂，最终发展成一个由全新且独特的基因构成的新个体。

植物虽然可以无性繁殖，但也能做到有性繁殖。在有花植物（flowering plants）中，雄性性细胞存在于花粉内，它会通过风或诸如蜜蜂这样的动物，从一朵花转移到另一朵花上；一旦花粉落在其他花上，雌性性细胞就能受精，并长成能够发展成新个体的种子。基本上这一过程也能出现在动物身上，尽管动物实现受精的手段是多种多样的。以鱼类为例，雌性在水中产卵，然后雄性将精子喷洒在上面。在胎盘哺乳动物中，雄性将阴茎插入雌性的阴道并射出精子，精子会自行找到雌性的卵子，由二者结合产生的胚胎会在母体的子宫内发育，直到出生。

不同的动物采用的育儿方式也不尽相同。多数水生动物，如鱼类会产下大量的卵，但在此之后就不再照料它们的后代。这一选择的结果是，大多数鱼子在能够长大之前就被捕食者吃掉了，尽管仍然可能会剩下一两个幸存者。在育儿谱的另一端，猿类（包括人类）通常一胎只会生下一到两个后代，并花上许多年去养育，其后代到成年之前都需要照料。

---

① Sponge，这里指的是海洋内的一种软体动物，生物分类学上为多孔动物门。
② Marine worm，多毛纲身体分节蠕虫的统称。

物种起源

地球生命进化的秘密长久以来被锁在岩石里。数个世纪以来，基于《圣经》中的创世描述，人们不仅认为地球非常年轻，且认为所有物种从一开始就没经历过任何变化。

在之后的18世纪晚期，苏格兰地质学家詹姆斯·赫顿（James Hutton）确立了一个理论，认为热和侵蚀等自然作用需要花费数百万年才能形成今天我们熟知的地质景观。这样的话，假使岩石真有那么古老，那么它们包裹着的化石也同样古老。

这些化石中有一部分和我们今天所知的生物全然不同，但另一些则类似，尽管仍然保有明显的不同之处。到了19世纪初，自然学家们将他们对这一问题的思考归纳成一种阶梯式进步的形式，即最古老的岩石中存在最简单的生命形式，越接近我们所处的时代，生命形式就越复杂。可能有人将这一进步过程称为"进化"，然而没人能解释为什么更简单的生命形式（如细菌和海绵）在今天仍然存在。也没人能解释当今世界上为什么仍然存在着种类如此繁多的物种。如果进化确实发生了，那么它是如何运作的呢？

答案便是：进化是盲目的，没有任何目的或方向。查尔斯·达尔文（Charles Darwin）睿智地发现了进化机制的关键：自然选择。19世纪30年代，还年轻的达尔文作为船上的自然学家，乘坐贝格尔号[①]

[①] HMS Beagle，也叫小猎犬号。

展开了一场漫长的发现之旅。旅途中，他注意到不同大陆的生物之间具有某种相似性，如同样不会飞的南美大美洲鸵和非洲鸵鸟；再比如，他还注意到加拉帕戈斯群岛①上的不同雀鸟有着不同的喙，能让它们获得不同的食物来源。看来，大美洲鸵和鸵鸟有着共同的祖先；加拉帕戈斯的雀鸟也是如此。

达尔文深知他的理论与基督教传统观念有冲突，人类因此不再和其他动物有区别。与其说人类是按照上帝的形象创造的，不如说他们全都是猿类祖先的后代。因此达尔文等待着时机，期间搜集了证据，最终在1859年发表了《物种起源》。

达尔文提出，物种会随着时间的推移而进化，因为有时一个具有某种特征的物种会随机出现，而这一特征会使它们相比于其他生物来说更适于生存和繁殖。经过数代的繁衍，那些具有有利特征的个体会更有可能活下来，并将这种特征传给它们的后代。于是，物种有了变化，能更好地适应新环境。这一过程后来被称为"适者生存"。

"即使是具有了一切高贵品质的人……他的身体结构中仍然印刻着不可磨灭的印记，证明着他卑微的出身。"

查尔斯·达尔文《人的后裔》（1871年）

多年来，达尔文理论的部分内容经过了修改，而越来越多证据的出现使得自然选择说愈发无可争议，这些证据包括不同物种间身体构造和胚胎发育的相似性，人类尾骨（我们祖先尾巴的遗留部位）

---

① 火山群岛，官方名称是科隆群岛（Archipiélago de Colón），属厄瓜多尔的加拉帕戈斯省，位于东太平洋接近赤道处。

等残留结构的存在，以及来自 DNA 的最关键证据。这让我们能够将自身的基因组与其他不同动物的基因组进行比较，并追踪二者之间的共同点和不同点。基于对遗传学的理解和 DNA 在其中发挥的作用，我们得以了解到不同特征起初是如何出现，并传递给下一代的。

解码 DNA

达尔文的自然选择说解释了新物种是如何产生的。但他并不知道亲代是以何种方式将他们的特征传给后代，也不知道新的特征是如何出现的。而现在，我们已经掌握了大部分答案。

遗传的单位是基因。它们决定了从眼珠颜色到罹患某些疾病的高风险等一切特征。某些遗传特征（如老鼠的颜色）是由单一基因决定的，但大多数特征（如人的身高、体重和眼珠颜色）是由一系列不同的基因决定的。基因被包裹在一长串叫作染色体的分子中；除了性细胞，所有细胞中都含有两套这样的染色体。

然而，后代复制特定性状的指令在基因中是如何编码的，这一问题在当时仍没有答案。在 20 世纪 40 年代，科学家们开始猜测这可能与一个非常大且复杂的分子——脱氧核糖核酸（DNA）有关。后来，在 1953 年，在剑桥大学工作的美国人詹姆斯·沃森（James Watson）和英国人弗朗西斯·克里克（Francis Crick）宣布，他们已经解答出 DNA 如何编码遗传信息的谜团了。

"如此美丽的结构必然是存在的。"

詹姆斯·沃森在《双螺旋》（1968 年）中如此评价 DNA 分子

他们证明，遗传代码是嵌在 DNA 结构中的。DNA 分子有着双螺旋结构——即两条互相缠绕的链。每条链都是一条糖 - 磷酸盐骨架，且可以通过核苷酸碱基——即仅由四种化学成分组成的一对序列——与另一条链相连。每个碱基只与其他三个碱基中的一个配对。这一结构解释了 DNA 如何通过两条链的分离来展开自我复制，以此将遗传信息传递给后代的工作机理。

DNA 的结构也解释了遗传代码是如何被嵌入的。三个核苷酸碱基的每个序列（一个密码子）都包含了创造一个特定氨基酸的指令。氨基酸是蛋白质的组成部分，也是所有细胞的重要成分。一个基因由能够编码出一个单一蛋白质的密码子序列组成，它之后跟着一个终止密码子。DNA 的某些部分本身则并不能编码氨基酸，它们是控制基因或基因组打开和关闭的总控台。

DNA 的工作方式也解释了突变是如何导致新特性产生的——这正是自然选择的关键动力。突变是核苷酸碱基序列在 DNA 自我复制时发生的变化。它是自然发生的，而暴露在化学品或辐射中会导致突变率的增加。只有发生在卵子和精子中的突变才会遗传给后代，它们也是唯一能影响到进化的因素。许多突变是中性的，但也有一些对后代有害，仅有少数突变才是有益的。控制因子的突变可能会对生物体造成巨大影响。有益的突变才能让生物体更好地适应环境，它们也是那些更有可能遗传给后代的基因。

[第二部分]
动物主宰地球

　　5亿多年前,地球上出现了第一批简单动物。在数亿年的时间里,大量的生物发展出了一系列不同的身体构造和生活方式。某些早期动物,如海星和海胆,证明了它们的选择是成功的,并存活至今;其他动物,如恐龙,在1.65亿年间是地球上的主宰生物,却还是灭绝了。现代人仅在20万年前出现,且只统治了地球历史上的一小段时间。

时间线

6亿年前：第一个多细胞生物体出现。

5.42亿—4.88亿年前：寒武纪时期（Cambrian period）。外骨骼的进化给动物的身体结构赋予了巨大的多样性，如三叶虫和腕足类生物。第一批脊椎动物出现，它们拥有脊索，即脊柱的前身。

4.88亿—4.44亿年前：奥陶纪时期（Ordovician period）。当时的生物有三叶虫、腕足动物、腹足类和笔石类。海胆、海星和菊石出现。在这一时期结束的时候，陆生植物的最早证据出现了，同时还伴随着许多物种的大规模灭绝。

4.44亿—4.16亿年前：志留纪时期（Silurian period）。在大规模灭绝之后，新的海洋生物形式出现了，其中包括类似蝎子的动物和有颚的鱼类（起初是软骨动物，后来就有了骨头）。第一批无脊椎动物、蝎子和没有翅膀的昆虫出现在了陆地上，同样出现的还有维管植物，如石松。

4.16亿—3.59亿年前：泥盆纪时期（Devonian period）。当时有巨大的珊瑚礁和第一批蕨类植物。原始两栖动物出现，同时出现了第一批四足动物，它们在陆地上定居。

3.59亿—2.99亿年前：石炭纪时期（Carboniferous period）。出现了第一批飞虫和爬行动物。陆地植物大量繁殖，包括针叶树，它们会随着时间的推移形成丰富的煤矿。

2.99亿—2.51亿年前：二叠纪时期（Permian period）。爬行动

物变得多样化。该时期结束时,许多海洋动物群体,包括三叶虫遭遇了大规模灭绝。许多陆生动物也一同灭绝,这为恐龙的出现开辟了道路。

2.51亿—2亿年前:三叠纪时期(Triassic period)。恐龙在陆地上出现。第一批小型哺乳动物出现。

2亿—1.45亿年前:侏罗纪时期(Jurassic period)。恐龙、海龟和鳄鱼经历了大规模的多样化。热带森林出现。最早的鸟类化石之一,始祖鸟在该时期末期出现。

1.45亿—6600万年前:白垩纪时期(Cretaceous period)。有花植物在陆地上出现并开始占据主导地位。草本植物出现。该时期在结束时不仅见证了恐龙的灭绝,也见证了菊石、鱼龙和翼龙的灭绝。鸟类(某一组恐龙的后代)和哺乳动物幸存了下来。

6600万—5600万年前:古新世时期(Palaeocene epoch)。许多新的哺乳动物群出现,其中包括第一批灵长类动物。

5600万—3400万年前:始新世时期(Eocene epoch)。哺乳动物分布在地球各处,如大象、鲸鱼、啮齿动物、食肉动物和有蹄类哺乳动物。

3400万—2300万年前:渐新世时期(Oligocene epoch)。草原蔓延,猴子首次出现。

2300万—530万年前:中新世时期(Miocene epoch)。马开始分布在地球各处,猿猴首次出现。许多动物,如青蛙、蛇和老鼠,都进化到了和如今非常相似的样子。

700万年前:我们的祖先与黑猩猩、倭黑猩猩的祖先开始区分开来。

600万年前:原始人类开始偶尔用后腿行走。

530万—260万年前:上新世时期(Pliocene epoch)。猛犸象的起源。直立行走成为原始人类的常态。

260万年前：出现了人类使用工具的最早证据。

260万—11700年前：更新世时期（Pleistocene epoch）。有了冰期和温度稍高的间冰期。

240万年前：能人（Homo habilis，意为"手巧的人"）出现。

190万—14.3万年前：直立人（Homo erectus）占据主导地位。

20万年前：智人（Homo sapiens，现代人）在非洲出现，他们在那里停留了10万年或更久。

11700年前—现在：全新世时期（Holocene epoch）。最后一个冰期后，猛犸象等许多大型陆地动物都灭绝了。人类开始主宰地球。

最初的动物

亿万年以来，尽管地球的海洋中充满了生命，但那些单个的生命体还是无法以肉眼看到。因为在几十亿年的时光中，海洋中唯一的生物仅仅是由一个个细胞组成的。

一些细胞可能会集聚成群落，但这些细胞最早的化石证据却出现在仅仅6亿年前。这些群落可能很像海绵，它们是目前仍然存在的最"原始"的动物，在海洋的许多地方仍有发现。在海绵里，每个细胞都能独立存活，但也能和其他细胞一起运作。如果一个活的海绵被分解成碎片，那么它们会在一段时间内重新聚集在一起，形成一个新的群落。海绵将自己固定在岩石上，并以水中的微小颗粒为食。它的细胞之间会互相协调，但并不存在真正的神经系统。

在5.9亿年前，大量高等动物出现了，它们有着更清晰明确的身体构造以及可识别的神经系统。这些生物的生存范围仍然局限在海洋中，它们包括腔肠动物（如水母和海葵），环节动物和节肢动物。节肢动物的主要特征包括左右对称、分节的身体、具有许多条腿和眼睛，还有外骨骼结构———种保护内部器官的坚硬外壳。今天所有的节肢动物——包括甲壳类动物、蜘蛛、蝎子和昆虫——都是这些早期生物的后代，而其他节肢动物组，如三叶虫，则早就灭绝了。

三叶虫出现在寒武纪时期（5.42亿—4.88亿年前）。这是一个见证了新动物类型"大爆炸"的时代，包括今天已知的大多数无脊椎动物群。对于寒武纪大爆发，人们提出了各种可能的解释。进行光合作用的生物增加，并在大气层中生产出了更多的氧气；此时，臭氧层已经形成，开始保护地球上的生物免受太阳紫外线的影响；同时，由于大洋中脊处的火山运动变得更加频繁，海洋中的钙（是坚硬的身体部位，如外骨骼的关键成分）也猛然增加。生态学和进化学的解释提出，此时捕食者和猎物之间的竞争开始加速，而这可能是由第一批最原始的眼睛进化而引发的，这样即使在远处，猎物也会被捕食者发现——反之亦然。

物种的雏形

在寒武纪大爆发时期，出现了一些与我们今天认知内的动物完全不同的群体。在加拿大的伯吉斯页岩中发现的奇怪生物是欧巴宾海蝎（Opabinia），是一种有着五只眼睛和一个吸尘器一般鼻子的食肉动物。另一种捕食者是奇虾（Anomalocaris），长60厘米，通过侧翼来推动自身前行，嘴巴则像一片菠萝。伯吉斯生物的许多奇妙设计可以算是寒武纪的成功案例，但这也仅仅是昙花一现——因为一种长约4厘米的鳗鱼状生物，皮卡虫（Pikaia）则被认作是脊椎动物的祖先，它们属于脊索动物门，而这一门中就包含了人类。

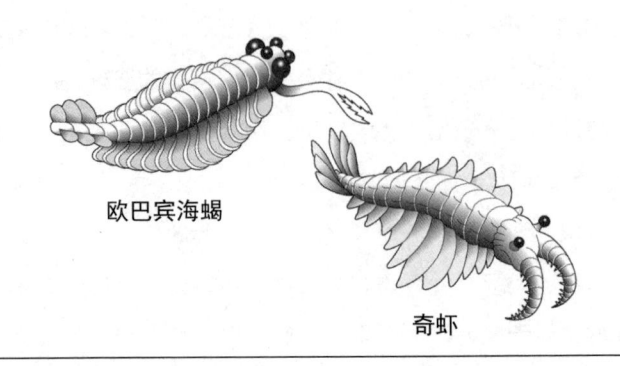

欧巴宾海蝎

奇虾

下一个关键事件是第一个真正的脊椎动物的出现。脊椎动物是具有内骨骼结构的生物，包括由相连的脊椎骨组成的脊柱，能够保护脊髓——更先进神经系统的核心组成部分。现如今，还有少数鲜为人知的生物有脊髓但没有脊柱，其祖先最早出现的时间被认为在寒武纪。但第一个真正的脊椎动物——无颌鱼（与现在七鳃鳗类似）出现在大约 5 亿年前。

这些早期鱼类体内的骨架是由软骨而不是骨头构成的。今天的许多鱼类仍然是这样，包括鲨鱼和鳐鱼，在大约 4.1 亿年前，它们的祖先第一批进化出了下颌，而下颌正是今天几乎所有脊椎动物群共有的一个特征。

登陆后的生活

即使在大型多细胞动物和植物出现后，生命活动的范围仍局限在海洋中。最多样化的群体之一是鱼类。它们有数套高度专业化的结构：能从水中提取自由氧的鳃，以及能推动它们在所处环境中前进的鳍。

鳃和鳍无法在陆地上工作，那么脊椎动物是何时、又是如何爬上古大陆的海岸的呢？在志留纪时期（4.44 亿—4.16 亿年前），第一批无脊椎动物——蝎子和没有翅膀的昆虫——抵达了陆地。它们为大型捕食者提供了潜在而丰富的食物来源，而这可能吸引了第一批脊椎动物，即两栖动物在大约 3.7 亿年前登陆。

两栖动物属于四足动物（有四条肢体的动物），它们与爬行动物、鸟类和哺乳动物有着同样的身体形态。四足动物的首次进化发生在何时，又是从哪个群体进化而来，一直是饱受争议的话题。一些科学家将它们的起源追溯到约 3.95 亿年前的肉鳍鱼类，另一些则认为是肺鱼。肉鳍鱼（如今现存的只有两个品种的腔棘鱼）和肺鱼似乎都能在水下用它们强大的骨质鳍来"行走"。它们能够呼吸空气，因此就能够在热带的旱季存活下来，这时它们会钻入泥土并进入休眠期。

两栖动物（如今有青蛙、蟾蜍、蝾螈和火蜥蜴）的一生分为陆上时期和水下时期。它们的早期阶段——卵，然后是蝌蚪——完全在水下发生。蝌蚪有鳃，但随着它们的成熟，肺会取代鳃，使它们能够在空气中呼吸。早期两栖动物可能基本上都是在水中度日的，但随着它们进化出更强壮的骨骼、更高效的肺和更不易脱水的皮肤，它们会在陆地上度过更多时间。

数百万年来，长达数米的大型两栖动物是陆地上的顶级掠食者，其占据的生态地位与现代的鳄鱼类似。但是，第一批爬行动物出现了，它们更好地适应了陆地生活，使两栖动物的顶尖地位走到了尾声。

第一批陆生植物

原始植物，如藻类（包括海草）已经在海洋中繁衍了数亿年。在海洋温和的环境中，它们表面的每一寸都能参与到光合作用所需的气体交换中。维管系统是大部分陆生植物的关键特征，它能够循环水、营养物质和重要化学物质，在 4.16 亿年前的志留纪末期就出现了，这一系统还能提供结构上的支持，这对于需要在竞争中超过邻近的其他植物，从而获得最大限度的光照来说至关重要。更古老的植物以木材的形式沉积下来，在石炭纪时期（3.59 亿—2.99 亿年前），蕨类、石松类和木贼类植物都长得和现代的树木一样高。所有早期植物都是通过孢子来繁殖的。在石炭纪末期，第一批有种子的植物，如针叶树出现了。与孢子不同，种子能够给年幼的植物提供食物、水分和保护。这种有种子的植物很快就主宰了这片土地。

恐龙王国

两栖动物从未完全适应过陆地上的生活。它们对水的依赖，限制了它们可利用栖息地的范围。直到爬行动物实现了自身的进化，才出现了第一个真正意义上的陆生脊椎动物。

有两个因素可以解释爬行动物的成功——它们包括鳄鱼、乌龟、蛇、蜥蜴和已经灭绝的恐龙。第一个因素是，它们有将水分储存在体内的能力。第二个则涉及它们卵的特性，即它们不用将卵产在水中。

在爬行动物的卵中，胚胎有属于自己的有外膜包围的水环境。卵黄给胚胎提供食物，而卵黄外的膜让胚胎能够呼吸，并允许废物

腕龙是已知最大的恐龙之一，图示为它与人类站在一起的大小比较

排出。蛋白，也叫蛋清，会提供水分和蛋白质。所有的这些物质，都会被另一层保护膜和蛋壳所包围。

第一批爬行动物出现在大约 3.4 亿年前的石炭纪时期：它们是只有大约 20 厘米长的小型生物，生活在那个时代植被茂盛的沼泽地里——对两栖动物来说，那是最完美的栖息地。然而，随着气候越来越炎热干燥，两栖动物发现自己无法适应环境。爬行动物的统治由此开始，并在持续了 1.65 亿年的恐龙时代达到顶峰。从这一点来看，我们这个物种存在的时间，仅有 25 万年而已。

恐龙的祖先是槽齿类动物（Thecodonts，意为"牙槽窝"），一种与现在的鳄鱼相似的生物。它们有强有力的尾巴，能用来游泳；也有强健的后腿，用来扑向它们的猎物。当这类动物中的一部分登上陆地时，它们使用这些强健的后腿行走，并用强有力的尾巴来保持平衡。

第一批真正的恐龙（dinosaur 这个词源于希腊语，意为"可怕的蜥蜴"）出现在约 2.3 亿年前的三叠纪时期。恐龙是有史以来最成功且拥有最多样化种群的动物之一。它们有食肉动物和食草动物，有栖息在沼泽也有居住在草原的，有独居也有群居的，有不比一只鸡大多少的种类，也有 30 多米长、四层楼那么高且重量超过 100 吨的庞然巨物。

其他的爬行动物群体，即蛇颈龙和鱼龙，主宰着海洋，而天空则是翼龙的天下，这种能飞的爬行动物翼展可达 10 米。然而，其他有羽毛的物种也开始在空中飞行。它们是现代鸟类的祖先，来自一群温血恐龙。最早"失落的环节"之一就是始祖鸟化石。这是一种能追溯到 1.54 亿年之前的有翼生物，具有爬行动物的特征，比如长有牙齿；它们也有鸟类的特征，如能让它们真正飞起来的羽毛。

因此，有些恐龙并没有在 6600 万年前灭绝，而是以鸟类的形式留存了下来。

温血和冷血

大多数恐龙和现代的爬行动物、鱼类和两栖动物一样，都是变温动物（冷血动物）。冷血动物需要通过外部手段来控制自身的体温，如经过了一段夜间休眠期之后，他们需要在太阳底下取暖，然后才开始日常活动。这意味着它们不能像恒温动物（温血动物）一样适应多样的气候条件，而某些恐龙、鸟类和哺乳动物就属于温血动物。温血动物可以通过活动（如发抖）来取暖，也能通过出汗和喘息来失去热量。

大规模灭绝

6600 万年前，恐龙突然消失，但这只是地球生物历史进程中发生的诸多大灭绝之一。物种一直在灭绝——这就是进化的本质。但是在某些时刻，物种灭绝的速度达到了峰值。

如果将大规模灭绝定义为突然失去 50% 或更多的物种，那么在过去的 5.4 亿年里，已经发生了 5 次大灭绝。许多其他重要的灭绝事件甚至都没有达到 50% 的比例。

这些大规模灭绝是通过多细胞生物的化石确定的，因此很有可能在更早的时候，单细胞生物的大灭绝也发生过，只不过它们并不会在化石中留下痕迹。我们知道的是，在大约 24 亿年前，大气中积累起的氧气——由越来越多能够光合作用的微生物产出——被证明对其他多种微生物是致命的，因为这种气体对它们有毒。

更晚期的大规模灭绝发生的原因就不一定很清晰了。任何合理的解释都必须要考虑到一个事实，即尽管许多不同的动物群体都灭亡了，但同时其他群体却生存了下来。虽然某场灾难可能会是毁灭事件的最后一击，但某些动物群体可能早就累积了来自环境的长期压力。这就是所谓的"压力模式"或"脉冲模式"。

三种不同的灾难，或者说"脉冲"，被认为是最有可能的候选答案。已知过去曾有过大规模火山运动的时期，大气层因此多年充满了灰尘。这会隔断大部分阳光，抑制光合作用，从而抑制几乎所有食物链底层生物的食物供应。火山喷发还会将大量的二氧化硫和二氧化碳喷入大气层。二氧化硫会产生有毒的酸雨，而二氧化碳会导致全球变暖。

第二个答案是海平面的下降。这很可能是全球变冷的结果，正如在冰期发生的那样——此时更多的海水会被锁在冰冠里。海平面下降会减少大陆架的面积，而大陆架正是海洋中最富饶的区域；海平面下降也会扰乱天气模式。

最后一个答案是最具戏剧性的。在这一设想下，一颗大号的小行星或彗星撞击了地球。大规模的爆炸会产生极具破坏性的冲击波，很有可能也会导致巨型海啸和大规模的森林大火。和火山爆发的情况一样，大气层里会充满烟雾和尘埃，遮挡阳光进而破坏食物链。如果小行星或彗星击中了富含硫磺的岩石，这又可能会带来大面积的酸雨。现在人们普遍认为，在大约6600万年前，确实有一颗大号小行星撞击了地球，但这是否是导致恐龙灭绝的唯一因素，人们依然在争论不休。

大规模灭绝刺激了进化，并让许多生态环境变得无生物占据。

随着恐龙的灭绝,一群已经存在了超过 1.5 亿年的不起眼小生物抓住了机会,它们茁壮成长,实现了多样化,并辐射到了整个星球。它们就是哺乳动物。

> **终极的原因?**
>
> 我们可能正处在另一次大灭绝的过程中。一些科学家估计,现在每年有多达 14 万个物种(大部分是还没有记录的植物和无脊椎动物)灭绝。原因是什么?人类活动。

哺乳动物的降临

第一批真正意义上哺乳动物的出现,只比恐龙晚了 1000 万年。在巨型爬行动物漫长的统治期间,这些早期哺乳动物在体型和生活方式上与老鼠和鼩鼱很像。它们有着温暖的血液——这在恐龙中并不常见——使这些早期哺乳动物能在夜间活动,并利用起恐龙无法获得的食物来源。可能正是因为它们体型娇小,对食物的需求少,才能在足以消灭恐龙的大灾难中幸存下来。

"哺乳动物"这个词源于拉丁文 mamma,意为"乳房",暗指哺乳动物幼崽需要以母亲乳腺中产出的乳汁为食。几乎所有哺乳动物的另一个共有特征是皮毛。第三个共有特征则是,与其他脊椎动物相比,哺乳动物大脑皮层的面积相对较大,而大脑的这一部分正与智力有关。

哺乳动物主要分为三类:单孔目动物,有袋动物和胎生哺乳动物。单孔目动物目前只在澳大利亚生活,且只包括鸭嘴兽和两种针鼹。

它们没有长在体表的乳头；乳汁是从乳腺的开口处渗出的，幼崽直接从母亲的皮毛上舔食。单孔目动物还有两个对于哺乳动物来说很少见的特征，但这种特征却是和爬虫类祖先共享的：它们有一个可以排泄和繁殖的单一孔道，以及它们会产卵。卵会在十天后孵化，未发育完全的幼崽会在母亲的哺育下度过三到四个月。最早的哺乳动物可能就是单孔目动物。

有袋动物的幼崽是以活胎状态产下的，但它们与单孔目动物的幼崽一样，刚出生时发育也是极度不完全的。有袋动物的幼崽会在母亲的育儿袋中完成大部分发育，它们在袋内能够接触到母亲的乳头。今天的有袋动物——包括袋鼠、考拉、袋熊和负鼠——只生活在澳大利亚和美洲。过去它们分布得更加广泛，种群也更加多样，甚至还有顶级掠食者，如袋剑虎（一种大型剑齿虎），以及在20世纪初就灭绝了的袋狼。

如今，最多样化且分布最广泛的哺乳动物群体是胎生哺乳动物。之所以称之为胎生动物，是因为胎盘会在母亲的子宫中为胎儿提供养分和氧气。和有袋动物相比，胎生动物在子宫内停留的时间较长，因此在出生时发育得更成熟。在一些物种中（如人类），新生儿是非常弱小的，需要父母多年的守护和抚养，而在其他物种中（如羚羊），刚出生的幼崽可以直接站起来，并具备与母亲一同奔跑的能力。

胎生动物已经适应了所有种类的栖息地，从高山到密林，从北极到热带。其中有些种类，如鲸鱼，甚至回到了海洋，而其他种类，如蝙蝠，掌握了飞行的能力。然而，只有一种哺乳动物能做到适应几乎所有的气候和栖息地。这是因为它依靠的不是皮毛，而是适应不同气候条件的衣服，以及生火、搭棚等手段，还会使用工具而不是爪子和牙齿来捕捉和杀死猎物。

"人类的出现……是数以千计相关事件偶然的、附加的结果，其中任何一个事件都可能以另一种方式发生，并让历史走上不同的道路。"

史蒂芬·杰伊·古尔德（Stephen Jay Gould）《地球上的生命进化》，

刊于《科学美国人》[①]（1994年10月）

人类的起源与演化

人类是灵长类生物，属于哺乳动物的一个目。哺乳动物还包括狐猴、懒猴、猴子和猿猴。事实上，人类就是猿类。我们与黑猩猩及其近亲——倭黑猩猩共享98%以上的DNA。

灵长类动物有着高度灵巧的手，大部分的脚也非常灵巧。大多数哺乳动物的拇指与其他手指相对，使它们能抓取和操纵不同的物体——这是使用工具的前提。它们的眼睛较大，朝向前方，这使它们拥有良好的双眼视力——这对判断距离至关重要。和其他动物相比，灵长类动物有着相对较大的大脑，使它们具有强大的学习和适应能力。和许多其他的动物幼崽相比，哺乳动物的幼崽和母亲在一起的时间更长，有足够的时间学习各类技能和习俗。许多灵长类动物生活在复杂的社会群体中。

第一批近似灵长类的生物出现在6600万年前，即恐龙灭绝前后。它们在大小和外观上都与松鼠或树鼩相似。大约1000万年之后，第一批真正的灵长类动物出现了。它们与狐猴和懒猴类似，分布在世

---

① Scientific Amerian，美国科普杂志，1845年创刊。

界各地，但在 3400 万年前猴子出现时，它们基本上已经被淘汰了。如今，狐猴仅生活在马达加斯加岛上，而猴子从未在此出现过。第一批猿人出现在 2300 万年前，而我们的祖先与黑猩猩和倭黑猩猩的祖先之间的分化，直到大约 700 万年前才发生。

那时，大面积的热带雨林已经被更多开放的林地和大草原所取代。随着环境的变化，基于树木的生活方式让位给基于地面的生活方式。在大约 600 万年前，早期人类开始偶尔用后腿行走。这种被称为二足性的能力意味着他们能将视线置于较高草地的上方，看到远方的捕食者和猎物；这种能力还减少了暴露在阳光下的皮肤表面积，且延长了步幅，使得人类能够走过更远的距离。这一特性的结果便是，他们可狩猎和采集食物的范围扩大了，且种群能够一同迁徙到完全不同的地区。

我们关系最近的亲属

我们与黑猩猩和倭黑猩猩共享 98.7% 的 DNA，但这两个物种有着不同的行为方式。黑猩猩中，雄性占据统治地位，它们成群结队地捕猎，有着高侵略性的领地意识，并有可能杀死其他的黑猩猩。只有地位较高的雄性才能交配。黑猩猩会使用各种工具做到许多事，比如敲碎坚果或捕捉蚂蚁。而这种使用工具的能力，只在圈养的倭黑猩猩中观察到过。

倭黑猩猩群体由雌性主导（雌性之间有很强的纽带），尽管它们之间的两性区别比黑猩猩小得多。不同倭黑猩猩群体的领地是重叠的，目前也没观察到它们群体狩猎的行为。异性和同性成员之间的性交非常频繁；对它们来说，性交对社会关系和解决冲突很重要，而不仅仅是为了繁殖。人们将其描述为"和平性交"。

如果说基因决定了行为，那它往往会被证明是很有争议的。然而，我们当然也有可能看到人类行为的某些方面能在黑猩猩中找到对照，同时其他方面则更靠近倭黑猩猩。

[第三部分]
人类主宰世界

从早期人类首次出现在非洲,到我们人类自己的种族——智人如何在地球生存,这是一个漫长而复杂的故事。早期人类脑容量的增加让他们有了尤其是生火和使用工具的能力,这是他们适应新环境的关键因素。这种适应能力使得某些人类物种,特别是智人,能够在各种各样的气候和地形中存活并繁衍生息。从热带和沙漠,到草原和高山,人类跨越了地球上最严寒和最酷热的地带。

时间线

20万年前：非洲出现智人的最早证据。

15万—5万年前：语言发展演化。

10万年前：智人开始走出非洲；有陪葬品的早期墓葬在这一时期出现。

7.5万年前：有了穿孔的贝壳项链。

4.5万年前：欧洲出现了第一批真正意义上的现代人。

4.2万年前：欧洲发现木制和骨制的长笛。

4万—3.5万年前：欧洲出现了用石头和象牙雕成的人偶、动物雕及兼有人和动物形象的雕刻作品。

3.8万—3.5万年前：洞穴艺术高度发展。

2.2万年前：最后一个冰河世纪的高峰。

1.9万年前：中东地区出现了采集野生谷物的证据。

1.4万年前：狗已经由狼驯化而来，尽管这一过程可能完成得更早。中东地区首次使用磨刀石。

1.3万年前：中国已知最早的小型雕刻艺术品——鹿角雕在灵井许昌人遗址[①]发现。

1.2万年前：欧洲的冰川后退。

[①] 原文为 Longyn Cave，鹿角雕于2009年3月被发现，是中国发现最早的立体雕刻鸟化石，以均匀烧烤过的鹿角为材料。

8000年前：小麦和大麦的种植从中东传播到尼罗河流域。

7000年前：中国长江三角洲地区从事狩猎和捕鱼的村落开始种植水稻。西欧建起了种植谷物的村庄。

4500年前：出现了穿越整个南美洲的长途贸易证据。

错综复杂的家谱

近几十年来的化石发现揭示了一系列令人困惑的早期人类物种，它们之中大部分都首次出现在非洲，其中只有一部分是我们的直系祖先。剩下的物种就这样灭绝了。在这份错综复杂的家谱中，我们仅仅是处在这棵大树某条细枝的末端而已。

随着早期人类逐渐离开树木、在地面上活动的时长越来越多，双足行走——即用两只脚而不是四只脚来行走——在 400 万年前已成为常态。为了适应这一新的行走方式，当时的人类实现了一系列解剖学层面的进化。比如，为了支撑全身的重量，双腿会变得比胳膊更长也更有力，此时双手就会从行走中解放出来，变得能够更好地握住并操纵各类从食物到工具等物品。

人类使用工具的最早证据出现在 260 万年前。在接下来的 200 万年里，人类使用了简单的石片和石核（以及后来使用骨头制造的工具）来实现切割、敲击和碾压等工作。这些工具让他们能够利用起一系列新的食物，并从大型动物身上切下肉。

我们自己属于人属（Homo），人属之下第一个已知成员出现在 240 万年前，即能人。1964 年，它的化石在坦桑尼亚的奥杜威峡谷被首次发现，当时人们认为这是第一批使用工具的物种，因此就称之为"能人"。能人存在了大约 100 万年，但最终还是走向了进化的死胡同。

我们无法确定第一批人类是何时离开非洲的，但已知的是，另一个物种——直立人已经在160万年前抵达了东南亚,甚至远至印度尼西亚和中国,并在大约30万年前首次出现在非洲。直立人在生存时间上取得了巨大的成功,一直存续到了14.3万年前。他们是第一批能够使用火并煮食肉类的物种,且有证据表明他们也会关照年长和弱小的同类。

大约70万年前,直立人的一支开始进化出更大的大脑,这就是海德堡人(Homo heidelbergensis),他们是第一批在欧洲寒冷地区安家的人类,同时还有一部分人留在了非洲。海德堡人会制作复杂的石片,使用木质长矛来狩猎大型动物。他们在欧洲的后代是尼安德特人(Homo neanderthalensis),而留在非洲的则进化成了现代人。这两个物种都出现在大约20万年前,但现代人则继续在非洲待了10万年。

尼安德特人:对手,还是祖先?

尼安德特人通常比现代人更矮、更胖,除此之外二者非常相似,且尼安德特人的大脑其实更大。他们会埋葬死者,用诸如串珠链子等小物件装饰他们,还是第一批穿衣服的人类——这对于生活在寒冷条件下的欧洲来说是不可或缺的。他们很可能也有语言能力。

在大约4万—3万年前,尼安德特人从记录中消失了。人们一度认为,他们的消亡发生在约4.5万年前,是从现代人迁入欧洲后开始的,不是被淘汰就是被消灭了。但最近的研究表明,非洲以外的大多数现代人与尼安德特人共享2%的DNA。

必然的结论便是,在数千年的时间里,这两个物种进行了交配,使得我们大部分人的祖先中至少都有几位尼安德特人。

塑造人类的因素

假设人类真的是由某些因素塑造的，那究竟是什么让人类与其他动物如此不同？不说几千年，即使只是几个世纪以来，人类也从未怀疑过自身的优越性，并坚持认为造成差异的原因是物种的不同，而并非进化程度的差异。

尽管有些人类社会的文化将人视为大自然的一部分，但犹太教和基督教的观点——即上帝按照自己的形象创造了人类，并赋予他们主导地球的权力——逐渐占据了统治地位。如今，我们已经了解到人类和狐猴或黑猩猩等其他现存的灵长类动物是从同一个祖先进化而来的，然而关于人类是在进化史的哪一刻成为与其他动物不同的生物，我们仍然无法得出明确的结论。

然而，我们仍坚持着这种自我特殊化的认知。从意识、思维和自由意志，到语言、技术和文化，许多特征都被声称是人类独有的。但有越来越多的科学证据表明，这些言论都站不住脚。

意识能力不仅是对我们周遭环境的感知，也是对我们自身的认识。根据定义，意识是主观的，是一种只有拥有者才了解的内部状态。然而科学家们已经找到了意识的客观关联，其形式是行为和大脑活动，它不仅在人类身上能观察到，在哺乳动物、鸟类甚至章鱼身上也有体现。

意识的某些方面，如有意识的行动、做选择和自我认同，都能在人类之外的动物身上大量观察到。在一个简单的测试中，镜子被用于观察动物是否意识到它正在看自己,而不是在看另一个个体。一些不同的灵长类动物以及亚洲象、宽吻海豚、虎鲸和欧亚喜鹊都顺利通过了这个测试。

事实证明,使用工具的能力也不是人类独有的。黑猩猩会通过拨弄树枝来"钓"蚂蚁,海獭会用石头来移动和撬开贝类,而生活在新喀里多尼亚的一种乌鸦会将树枝削成钩子,以便从难以接触的缝隙中钩出食物。

"人类是新近发明的事物。"

米歇尔·福柯(Michel Foucault)《事物与秩序》(1966年)

这种行为是出于本能还是后天习得的,并不总是有答案。如果它们是后天习得的,那我们就可以说这一物种获得了一种文化。动物文化的一个著名实例与一群日本猕猴有关。一只猕猴在开吃红薯之前,会在海里将它洗净,而不是像它的同伴那样把沙子刷掉。其他猕猴开始模仿这一行为,然后世代相传。

不同种类鲸鱼和海豚的叫声会基于不同的群体而改变,因此每首"歌"似乎都在加强该群体的身份。这些"歌曲"也会随着时间的推移而变化。我们不知道它们是否包含足够的信息,以至于能被算作语言,毕竟还没有人能研究出它们是否带有某种"含义"。声音的谜团也同样发生在其他动物身上。怀疑这一理论的人指出,尽管黑猩猩已经学会了手语,却还是不能通过该语言提出问题,这表明这一特性是人类独有的。然而,三十多年来,动物心理学家艾琳·佩珀伯格(Irene Pepperberg)教会了一只非洲灰鹦鹉亚历克斯一些基本的英语,它甚至还学会了区分不同的颜色、形状和尺寸;最后,亚历克斯被问自己的颜色是什么。在听到六次答案后，它领会到自己是"灰色"的。这是唯一已知的非人类个体思考存在性问题的例子。然而，人类和非人类之间的界限仍是模糊的。

文化与持续发展

对人类学家和历史学家来说，"文化"一词包含了非本能的、有意识创造并传递的行为成分。因此，任何后天习得的行为都是具有文化属性的。

本能行为指的是基因上早已决定的行为，因此对同一个物种的所有成员来说这种行为是共有的。刚孵化的海龟会自动沿着海滩爬向大海；蜘蛛不用通过学习就懂如何编织复杂的蛛网。人类与其他动物皆有的共同本能则包括吃饭、睡觉、繁殖和养育后代等欲望。

> **迷因**
>
> 生物学家理查德·道金斯（Richard Dawkins）造出了"迷因"（meme）这个词，用于指代像基因一样的文化现象。迷因是任何可传播的思想、行为、风格或技术。一些迷因——如用来写字的泥板——在被其他更好的东西取代之前，都会盛行一段时间。至于其他的迷因，诸如上帝的概念，则是更加持久的。

尽管其他动物的大多数行为都是本能的，但并非全都如此——比如黑猩猩、乌鸦和某些动物就拥有制造和使用工具的能力。使我们具有优势的是人类文化的复杂性。技能和技术的积累，使得人类比其他动物更能适应不同的居住环境；在寒冷的气候中，人类不是长出厚厚的毛皮和一层层脂肪，而是发明并传播了衣服、住所、工具和狩猎等一系列技术。文化的进化减少了自然选择对我们这一物种的影响，因为较弱的个体更有可能生存和繁殖，从而减缓了身体进化的速度。

文化使人类拥有了巨大的竞争优势。在上一个冰河时代结束时，地球上可能共有一千万人。而在仅仅过去了一万多年的今天，全球的人口就已经超过了 70 亿。人类文化进化的速度是稳步提升的，尤其是在过去的一万年里，其起点是农业的发展。

文化与自然选择

有时，文化创新也促进身体的进化。在大约 7500 年前，生活在欧洲中部和东南部的牧牛群落中出现了一种突变，阻止了成年人身体的乳糖不耐受。以前，人类在断奶后就无法消化任何奶和奶制品。现在乳糖不耐受的个体可以利用其他的食物来源，因此喝牛奶成为一种广泛传播的新文化行为，并会赋予进食者相应的竞争优势。乳糖耐受的基因成功传播开来，并在现在世界各地的许多人中都有体现——但在那些不养牛或其他产奶家畜的文化中却没有。

另一个例子是导致镰刀形细胞贫血病的基因。这是一种非常折磨人的疾病，会造成器官损伤。然而同样这一套基因，却对另一种更危险的疾病，即疟疾提供了更多的保护。这就是为什么镰刀形细胞贫血病在非洲，尤其是山药农民中比较常见。为了种植山药，农民们会砍伐森林，这就增加了地面积水，给蚊子的繁殖创造了理想的条件。

随着农业的发展,新的更复杂、更有层次的社会和政治组织系统出现了。农业盈余使得一些人能够生活在城市里,并开始发展不会直接参与到粮食生产过程中的专业和工艺,这反过来又加快了技术和科学的发展进程,并一直持续到今天。其结果便是,在整个进化过程的一眨眼之间就发生了巨大的变化,其长期影响是无法从剧变的核心来判断的。曾几何时,人类社区的每一个成员——如一帮狩猎采集者,或者一整个村庄——都可以认识和接触到每个人。而今天,有的是数以万计的城市,十数亿人口的国家,以及跨国企业遍布全球。

人类占领世界

除南极洲外,人类已经永久殖民了每一片大陆。但我们并没有在世界的不同地区分别进化。今天我们所有人都是智人这一物种的成员,祖先可以追溯到非洲。那么,我们是在什么时候,以及以什么方式扩散到全世界的呢?

关于现代人何时开始迁出非洲仍然没有一个完全精确的答案,但应该是发生在 10 万到 7.5 万年前的某个时候。他们能够如此高效地扩散开,是因为他们有着比原始人类更加复杂有效的技术——工具、衣服、语言、有纪律的狩猎合作、火的使用,和建造住所等,因此就更能适应一系列不同的栖息地。

他们是一次性彻底离开非洲,还是分批离开,这个问题仍没有答案,但当时的人们很可能是沿着亚洲南部的海岸线缓慢移动的——也许每年只移动一两千米。化石遗迹告诉我们,他们在大约 5 万年前抵达了澳大利亚。当时地球正处在最后一个冰期，大量的水被锁在冰盖中，海平面的下降令新几内亚和澳大利亚之间的一座陆桥暴露在地表，使这部分旅途的方向变得更加简单清晰。然而，他们渡海抵达新几内亚的方式仍然是一个备受猜测的话题——鉴于那个时代过于古老，没有任何同时期的船只遗骸残留下来。

"非洲总会有新的东西。"（Ex Africa semper aliquid novi.）

老普林尼（Pliny the Elder）[①]《博物志》第八章（公元 1 世纪）

虽然有更早的人类物种，如生活在欧洲的尼安德特人，但现代人类直到大约 4.5 万年前才真正定居在那里——可能是在寒冷气候的威胁下望而却步了吧。我们最后踏足的大陆是美洲，是一片早期人类从未定居过的土地。在俄勒冈，人们发现了人类居住痕迹的最早证据，并于近期对它进行了碳测定，得知其年代在 14300 年以前。曾有假设认为人类曾经是从西伯利亚的东北部跨越一座陆桥长途跋涉而来的，而这座路桥正位于今天的白令海峡。但越来越多的证据表明，第一批殖民者是通过海路而来的，且起初定居在美洲的西北海岸。

世界上最后被人类殖民的地区是太平洋诸岛。尽管波利尼西亚人在公元前 800 年就抵达了萨摩亚，但人类在夏威夷和新西兰群岛上定居的历史甚至还不到一千年。波利尼西亚人乘坐有着舷外支架

[①] 原名盖乌斯·普林尼·塞孔都斯（Gaius Plinius Secundus，23—79 年），古罗马作家、军人、政治家。其所著的《博物志》（*Naturalis Historia*）也译作《自然史》。正文所引原文为拉丁文。

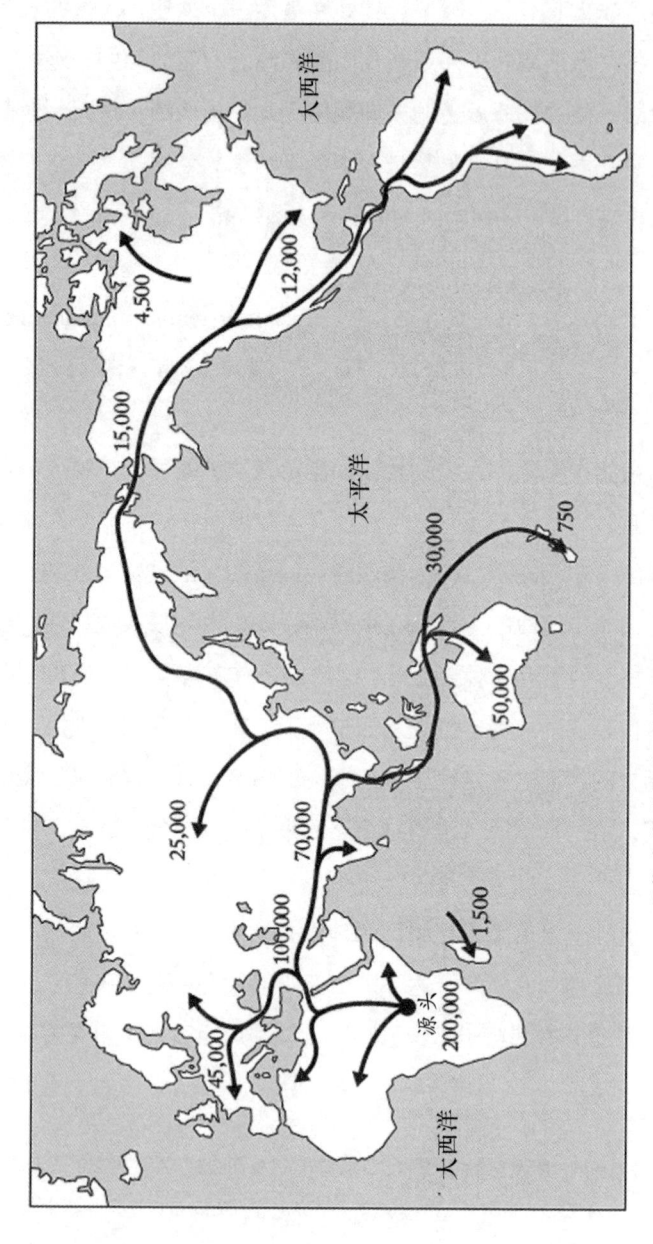

现代人类的早期迁徙路线，数字表示其发生的距今的年份

结构的双体独木舟①，上面满载着家人、牲畜和植物，航行了很远的距离。在某些情况下，他们安顿下的岛屿会有渔民光顾的痕迹，但其他的岛屿又很遥远，使得波利尼西亚海员无法确定当他们再度扬帆起航时，能否会再次看到陆地。

漫长的冷却期

在大约 260 万年前，地球进入了一个漫长的冷却期，期间有无数的冰期，每个冰期中都间隔着温度稍高的间冰期。这就是更新世，见证了我们这一种族，即人类所有已知成员的进化。可能正是艰难的气候环境，刺激了这些进化的推进，以及文化和技术的创新。

在地球漫长的历史中，更新世的冰川运动只是最近的一次地表活动。科学家们不知道究竟是什么导致了它的发生，而地球轨道的不规则、构造板块的移动、洋流的变动和大气变化都作为可能的因素而被提出过。

在更新世最冷的时期，全球温度下降了 5 摄氏度，间冰期则与现在的温度很相似。事实上，我们目前可能正处在一个间冰期中，它始于大约 1.2 万年前最后一个冰期结束时。一些科学家认为，人类造成的全球变暖推后了早该到来的新冰期。

---

① 原文为 twin-hulled outrigger canoe，指的是波利尼西亚人独有的造船技术，成品为并列的两艘独木舟，在两侧船舷的外部各有伸出去的支架结构（有些像倒放的龙骨），支架底部接触水表，提供额外的浮力支撑。这是在无法增加船身体积的前提下提供航行稳定性的一个方法，并列两艘船则是现代双体船的灵感来源。

在寒潮期间，冰盖自两极向高山上推进。它们覆盖了北美、欧洲北部和亚洲北部的大部分区域，而在这些冰面的南部，则是苔原和永久冻土层。冰盖中聚集了大量的水，厚度可达三千米，这使得海平面下降，让现在被海洋分隔的陆地之间——如西伯利亚和阿拉斯加之间，或者英国和欧洲大陆之间——露出了桥梁，这样动物以及人类就可以通过它们迁徙到新的土地上。干燥的气候条件使得沙漠的面积扩大，比如撒哈拉沙漠和戈壁沙漠。

世界变得更加严酷，将许多动物都逼到了绝境。为了更好地保存热量，各种哺乳动物都长出厚厚的皮毛、进化出了更庞大的身躯，以此来适应环境。这些"巨型动物"包括猛犸象、乳齿象、洞熊、大树懒、剑齿虎、披毛犀，以及一些现存的物种，如狼、麝牛和驯鹿。一些人类的物种也变得更高大强壮。其他人类，包括我们自己的祖先，则通过进化出更大的大脑来适应更苛刻的环境，并学会依靠智慧，而不是力量来生存。

我们的表亲，尼安德特人的大脑比我们的还大，他们很好地适应了欧洲冰期时普遍存在的永久冻土条件，表现之一就是他们长着大鼻子，能够温暖和湿润他们所呼吸的寒冷空气。他们用石头制作了先进的工具和武器，并总会以团队的方式来狩猎，这样就能制服猛犸象等大型猎物。他们懂得使用火，可以用它烹饪肉和菜。有些尼安德特人会住在山洞里，有些则住在更加临时性的住所里。在乌克兰的一个遗址中，人们就发现了用猛犸象的骨头和象牙制成的简易居所。

第一批现代人在大约4.5万年前抵达欧洲。他们也猎杀猛犸象，并逐渐取代了尼安德特人。然而，即使在最后一个冰期结束时，整个欧洲可能也只有不超过3万人口，而美洲的人口增长则刚刚开始。

> **巨型动物的灭绝**
>
> 在上一个冰期结束时，大部分的巨型动物——包括猛犸象和披毛犀——都已经消失了。人们提出了许多解释：人类的过度捕猎、气候变化、疾病，甚至是彗星或小行星的撞击。各种假设一直存在，而导致它们灭绝的因素很可能不止一个。

从拾荒者到猎手

在从事农业之前，人类靠在自然环境中觅食、狩猎和采集来生存。然而，特定地区的食物资源往往是有限且是季节性的，因此我们的大多数祖先都过着游牧的生活。

起初，我们最早的人类祖先是拾荒者，而不是猎人。他们从植物和树木上采集食物，也会以其他自然死亡，或是被其他捕食者杀死并丢弃的动物遗体为食。在大约260万年前，简单石器的发展使得人类能够更高效地利用并回收动物遗骸。这些早期的工具包括一个小的岩心，如鹅卵石，制造者会用另一块石头敲击它，以形成一条锐边，有时还会砸出一个锐利的尖角。通过这种工具，早期人类就可以快速地肢解尸体，并将分离下来的部分带到一个更安全的地方食用。他们还可以砸碎骨头，以提取营养丰富的骨髓，还能够打碎如块茎等较为坚硬的蔬菜类食品。

明确描绘了狩猎场景的最早证据来自于德国的一个遗址，那里的人们会用长矛刺杀马匹并将它们吃掉。这可以追溯到40万年前，但最近有一项调查，研究了坦桑尼亚奥杜威峡谷一处大型屠宰场的角马、羚羊和瞪羚遗骸。结果表明，早期人类（可能是能人）开始狩猎的时间可能更早，也许是 200 万年前。根据猜想，他们可能会坐在树上，等到有兽群从下方经过时用削尖的木棍刺杀它们。一些猎人可能依靠追赶猎物，将它们逼至筋疲力尽来捕猎——直到今天，仍有一些狩猎团体在使用这一技术。

> **杀戮与合作**
>
> 人类学会获取食物的方式不仅与工具的发展密切相关，而且也与社会关系的发展密切相关。
>
> 在 20 世纪早期，人类学家倾向于认为人类有着狩猎和杀戮的本能，正是这种本能提供了开发长矛等工具的动力。他们认为，对这些工具的掌握可以解释人类大脑尺寸的增加。
>
> 今天的人类学家更加倾向于认为，是相互合作带来的优势导致了大脑尺寸的增加。随着大脑体积的增大，语言和更复杂的社会也随之而来。成功的狩猎往往需要个体之间的合作，而决定谁来狩猎或是谁来采集，则是劳动分工的一种早期形式。

在直立人出现后，石制工具有了改进，主要是手斧。早期直立人的手斧是经由 25 次打击制成的，而后来的手斧则需要大约 65 次打击。直立人还会用火来硬化他们的木质矛尖。

比起拾荒，主动狩猎能够在饮食结构中提供更高的肉类比例。肉类是一种密集的、富含蛋白质的能量来源，增加肉类的消费意味着人类不再需要过长的肠道结构来消化生的蔬菜和水果；食物资源也可以更加频繁地为那个最重要的器官——大脑来提供更多的燃料。

而当直立人学会用火烹饪时，他们就可以更有效地将食物转化为能量，而不必花费数个小时来咀嚼。

跃动的火光

火是任何可燃物——固体、液体或气体——与氧气之间的反应。它会破坏可燃材料，并散发出光和热量。在自然界中，野火大多是由雷击引起的，少数情况下是由火山爆发引起的。

各种类型的生态系统都已经进化出了能够应对规律性火灾的结构。例如，某些树木的种子只有经过火烧才会发芽，因为那会让种子的硬皮裂开。火还会清除地面上的灌木，为即将发芽的幼苗留下空间和光线。

对于所有动物来说，火是可怕且危险的；但对于人类在地球上的生活来说，火是必不可少的。它会提供热量、光照和对捕食者的防御，也可以成为清除森林以发展农业的手段，并被用于烹饪食物。驯服和使用火，是早期人类取得的最重要的技术性突破之一。虽然我们的祖先究竟是在什么时候首次学会了用火仍然没有答案，然而有证据表明，早在100万年前的南非，他们就已经知道如何用火了。与此相对的是，我们发现直到10万年前，人类才普遍学会使用火。

起火需要大量的准备工作。两块火石互相撞击可能会产生火花，也可以用两根木棍互相摩擦，最终会产生足够的热量来点燃干草。更复杂的技术则包括将一根棍子插入一块木板的孔洞中，然后用手或弓来快速旋转那根棍子。所有这些工作都需要耗费大量的时间和精力，因此四处游荡的狩猎采集者想出了不同的方法，把还在冒烟的余火带在身边，以求能够更容易地生起新的火堆。

> "火是好仆人，却是个坏主人。"
>
> 英国谚语（17世纪早期）

火提供的温暖使得人类能够在世界范围内更寒冷的地方定居。火也催生了烹饪。也许第一顿熟食就是在一大块生肉落入火中时产生的。科学家们认为，最早食用熟食的是直立人，依据是他们有着比其他猿类相对更小的臼齿。这表明他们每天在咀嚼食物上所花的时间可能不到两个小时，而黑猩猩每天则会将三分之一的时间都用在进食上。以这种方式，早期人类不仅能够通过烹饪煮熟食物并从中获取更多的热量，还能够通过这一手段食用一系列新的食物；否则这些食物要么无法食用，要么就是不能被消化。

后来，火成为一系列人类技术的关键，从陶器制造和金属加工，到蒸汽动力、发电机和内燃机，应有尽有。它还获得了一系列象征意义，如被使用在动物祭祀和火葬场景中，或是作为永恒惩罚的工具，或是作为纯洁、真理、爱、激情和灵感的化身。

狩猎采集者的技术

几十万年来，人类一直依赖简单的工具，如手斧和木质长矛。他们取得的下一个重大突破，则是学会了制造更复杂有效的工具和武器，这使得他们能够狩猎物种范围更广泛的猎物。最后，在适应了许多不同的环境之后，人类开始反其道而行之，调整环境以让它适应自身。

完全由木头制成的长矛,可能从人类狩猎之初就投入使用了。这些武器要求猎人来到猎物的近处,而如果要猎杀的是大型动物,使用长矛就很危险了。弹射武器指的是那些可以从远处投掷的武器,它降低了猎人可能会面临的风险,并进一步扩大了可猎杀猎物的范围。被抛出的长矛也能产生更大的冲击力,如果在木制的矛身尖端绑上一个更重的石尖,则产生的杀伤力更大。

在非洲,人们发现了一处海德堡人和尼安德特人共同祖先的遗址,其年代大约在50万年前,遗址内还发现了一批用于制造长矛的石制矛尖,很可能是插入式长矛。人们曾经认为,只有智人(即现代人)——才有足够的智慧来设计这种武器,然而一项研究分析了一批在埃塞俄比亚发现的文物,它们是一批由黑曜石(火山玻璃)制成的尖状物,可以追溯到大约28万年前;结果表明,这些是投掷式长矛的尖端,同样出于海德堡人之手。

直到大约20万年前,现代人才首次在非洲出现,也正是从那时起,我们的祖先才开始采用更加广泛的生存策略。他们留下的大量工具表明,比起早期人类,他们猎物的体型范围更广;他们还会捕鱼。制造这些工具的方式越来越复杂:大约3万年前,在欧洲制造的石刀总共要经过9道工序和总计250次打击才能完成。到这时,现代人已经开始使用骨头制作各种工具了,比如鱼钩和带刺的鱼叉。他们还开始制作渔网,不仅用来捕鱼,还用来诱捕小型猎物。骨质缝衣针就出现在约3万年前。目前已知最古老的弓来自丹麦,距今约1.1万年,但在大约2万年前的马格德林文化时期,一些石质武器有着非常小的体积和非常轻的重量,它们很可能被应用在了箭矢制造上。

肉类是饮食的重要组成部分,但当时完整的饮食结构也仍然需要采集可食用的植物物质，如根茎、叶子、坚果和浆果，以及卵蛋等物品。生活在沿海地区的现代人也开始了采集贝类。当时的狩猎采集者将收集食物一半以上的时间用于狩猎，四分之一以上用于觅食，其余时间则拿来加工食物。在农业时代到来之前，食物加工仅限于一些简单的方法，如研磨、捣碎、刮削、炙烤和烘焙。在最后一个冰河期，我们的祖先还学会了如何储存蔬菜类食品，用于在严寒的冬天食用。

> **改造环境**
>
> 在我们所知的农业时代开始之前，人类就已经开始改造周边的环境了，其目的是增加食物的产量。在温带地区，他们烧毁林地，以促进草原的生长，这样就能够支持可捕猎的动物发展出规模更大的畜群。在热带地区，人们实行"森林园地"策略，剔除不可食用的物种，并保护最有价值的食物物种。

语言的魅力

除了工具的使用，也许人类文化的任何组成部分，都比不上语言重要。不论是狩猎，还是建造宇宙飞船，交流复杂信息的能力是协调各类团体活动的关键因素。语言也是教学行为的主要媒介，能够传播文化的其他方面，如思想、技术和行为等。

在文字诞生之前，语言只限于语音和手势。任何复杂的语言都涉及各种不同的声音，需要有不同发声器官的支持。现代人和尼安德特人似乎从一开始就具备这种能力，但化石证据表明，我们的共同祖先并没有这一能力。

我们不知道语言最初是如何产生的。有些人认为，同样是为了建立社会关系，比起其他灵长类动物之间相互梳理毛发的行为，语言是一种更有效的交流方式，因此它就这样诞生了。词语的起源可能具有很高的模仿性质，就像一个孩子将牛喊作"哞哞"一样。大多数语言中"母亲"这个词与"妈妈"这个词的发音相似，因为嘴唇的活动与模仿婴儿寻找母亲乳头的动作有关。在集体活动中，会使用一些约定俗成的声音来提示下一步需要做些什么——比如，类似于"嘘"或者"嗨呀"这样的表达。

"我毫不怀疑，语言是在手势和动作的帮助下，对各种自然声音、其他动物的声音，和人类自身的本能叫声进行模仿和修改而发源的。"

查尔斯·达尔文《人类的后裔》（1871年）

20世纪60年代时，语言学家诺姆·乔姆斯基（Noam Chomsky）注意到婴幼儿能够轻易掌握自己的母语，进而提出人类具有某种"语言本能"。他认为，任何语言的语法结构都是共通的，且根植在我们的基因里。

我们当然也具备相应的硬件：我们不仅有灵活的发声器官，还有配备了记忆能力和联想学习能力的大脑。但是我们能否像乔姆斯基所说的那样，生来就有内置的软件呢？答案似乎是否定的。"野蛮"的孩子——即那些被动物养大的，或者处在完全与世隔绝环境中的小孩无法掌握语言能力。这表明，儿童需要在听到大量的语言后才能将它说出口。如果真的存在某种先天的通用语法，能够作为所有语言的基础，那么在已经详细分析了我们现存成千上万种语言后也早该发现它了。不同的语言有不同的工作方式。有些语言只有11种不同的发音，有些则多达144种；管理词汇顺序的规则也不尽相同，有些语言完全没有任何顺序，而是通过创造复合词汇来表示谁在对谁做什么事等含义。

但是语言的多样性，及它们之间的关系，可以告诉我们诸如现代人类如何逐渐扩散到世界各地这类事。比如，对一些西伯利亚语言和一些北美语言的研究指向了一个共同的祖先。语言形成了家谱，而这些谱系往往反映了家族的遗传关系——尽管语言是一种文化传播现象。语言差异的幅度，加上一些语言——如巴斯克语——与任何其他的已知语言都没有任何相似之处，表明它可能是在许多不同的地方独立出现的。

亲属关系与人类团体

我们无法确定早期人类团体是如何组织运作的，也无法确定个体会如何看待自己在集体中的关系。人类学家用"亲属关系"一词来表示这种社会关系网络。

不同社会在亲属关系的概念上有着很大的差异，这表明亲属关系是一种文化建构，而不是由血缘决定的。例如，在进化学的角度上虽然有充分的理由来避免乱伦，但不同的政府间禁止谁与谁形成婚姻关系则有很大的不同，而且它们往往与遗传学关系不大，反而与亲属间的经济、性别观念和权利动态关系有更大联系。

最小的亲属团体是家庭，但不同文化的家庭组成内容也有着很大差异。在某些文化中，"家庭"指的是核心家庭（亲生父母及其子女），在另一些文化中则指生活在近邻或同一处的大家庭，包括祖父母、姑姨、叔舅、表兄弟等等。一些文化实行一夫多妻或一妻多夫制——一个男人有多个妻子，或一个女人有多名丈夫。分期多偶制（一个人连续有数名伴侣）已经成为西方社会的一个特点。生物技术带来了新的变化——试管婴儿①、精子捐赠、卵子捐赠和代孕。人类也可以宣布与一些和自己没有血缘关系的人成为家人，比如收养行为。在一些文化，如居住在阿拉斯加的因纽皮雅特人②中，孩子可以选择谁来做他们的父母；在马来西亚的一些地方，如果你和某个人一起吃了米饭，那么他们就会成为你的亲属。

当代狩猎采集者会生活在仅由几个家庭组成的团体中，总人数不超过几十人。不同的家庭通过婚姻、友谊、共同的祖先和共同的兴趣团结在一起。团体之间不存在等级制，它们是平等的，尽管某些人可能会因为性别或者较大的年龄而拥有更高的地位。似乎我们自己的狩猎采集者祖先也有类似的亲属关系系统。

随着社会变得越来越复杂，更多的亲属关系系统出现了。比如，血统的概念很容易产生巨大的变化。有些社会以母亲一方为基准（母系血统）来追溯祖先，有些则以父亲一方为基准（父系血统），有些则二者兼具。而在其他社会，个人可以选择基于父系或母系关系来定义自己。

每个成员都声称拥有共同祖先的大规模群体，则被称为氏族（源于盖尔语③clann，意思是"后代"）。有时，将氏族团结起来的不

---

① IVF，即 In vitro fertilisation，体外受精技术。
② Inupiat，是因纽特人（Inuit）的一支。
③ Gaelic，苏格兰盖尔语，也被称为高地盖尔语，约在 5 世纪由苏格兰人自爱尔兰带到大不列颠的加勒多尼亚地区。

是共同的祖先,而是一种与某种图腾——即与特定植物或动物有关的精神存在有着共同亲属关系的认知。在世界的某些地区,一个氏族内的成员不能互相通婚。

氏族有时也被视为部落,而更常见的是被视为部落下属的群体。在国家发展之前,部落是最大的社会团体,即使是在今天(比如在非洲的某些地区)他们也认为自己是独立或是不属于相应国家的。让他们团结在一起的正是亲属关系,有时还有共同的祖先意识。他们通常扎根在一片特定的区域(即使游牧民族也是如此),并经常会有自己的语言或是方言。

地位

虽然狩猎采集者团体奉行的明显是平等主义,但更大的社会群体通常会显示出某种程度的社会分层,在其中某些个人、家庭或精英比其他人拥有更多的地位——权力,威望,财富。氏族和部落通常都有首领,其地位往往与狩猎或战争有关,但他们也可能尊奉其他个体,如牧师或巫师,或是精通某些特殊手艺的匠人。

早期的宗教

我们永远不会知道,我们生活在史前世界的祖先有什么信仰,毕竟他们没留下任何书面记录。但有许多迹象——例如将死者下葬的仪式、陪葬品、雕像和洞穴壁画——都表明,宗教行为在数万年前,甚至数十万年前就已经出现了。

早期人类脑容量的增长，似乎在大约 50 万年前就发生了，这让它们具备了抽象思维的能力。想象尚不存在的事物，是开发新工具的关键，对因果关系的把握也是如此。这些都是宗教信仰的先决条件，但显然并不能构成信仰本身。在象征性的交流，尤其是复杂的语言系统出现之前，宗教信仰不太可能以任何可识别的形式出现——而复杂的交流和语言系统，正是随着尼安德特人和现代人的出现而出现的。

种种迹象表明，尼安德特人在安葬死者时有举行仪式的习俗。在伊拉克库尔德斯坦的沙尼达尔洞穴中，发现了年代在 6.5 万到 3.5 万年前之间的尼安德特人遗骸，其中包括一具男性尸骨，很可能被埋葬在了群花簇拥的花床中，其他地方的遗骸则似乎染上了一层代赭石的红色。随着现代人的出现，我们有了更加清晰的证据，尤其是在中旧石器时代和上旧石器时代。尸体有时会和随葬品一起埋葬，表明人们相信存在某种来世，这样死者就可以继续使用这些物品。人们已经在澳大利亚的蒙哥湖附近找到了火葬的证据，可以追溯到 4 万年前；同一时期还有已知最早的雕像艺术，来自德国的霍伦斯坦 - 斯塔德尔洞穴。它是由猛犸象牙齿雕成的站立人形雕塑，有着人类的躯体和狮子的头颅，很可能代表着某个神明。

从 3 万年前开始，"维纳斯"雕像就开始出现在欧洲和西伯利亚地区上古时期时代的遗址中了——这些都是小型的裸体女雕，高度只有几厘米，用石头、骨头和象牙等材料雕刻而成。这些雕像一般不会雕出手臂和脚的部位，然而胸部、臀部、腹部和阴部都被详尽地描绘出来，它们有着高度风格化的腿和头，且均有着夸张的比例。这让一些人提出了某种理论，认为它们与某种生殖崇拜有关。它们也可能是母亲或者创世母神的具象化。

"宗教是人类心灵的梦境。"

路德维希·安德列斯·费尔巴哈（Ludwig Andreas Feuerbach）

《基督教的本质》（1841年）

至少有一些作品似乎是有宗教含义的，它们是法国和西班牙的一些宏伟的洞穴壁画，年代在3万至1万年前。位于拉斯科的壁画描绘了传说中的野兽，有些是半人半狮，有些则混合了人类和鸟类的特征。这表明，这些画的作者很可能参与了某种形式的萨满仪式。在萨满教中——在当今的狩猎采集者团体中仍然存在——特定的人会扮演萨满的角色。萨满会进入一种精神恍惚的状态，有时会以鼓声诱导，有时则是通过服用某些精神性植物的提取物。在这种恍惚状态下，萨满可能会化身为某种动物，展开一场精神世界的旅行，以确保狩猎活动的顺利举行。萨满也可能会声称自己拥有其他超自然的力量，如占卜和治疗。

艺术塑造世界

艺术——在创造纯粹审美价值的物品这一层面来说的话——是一个很新的文化构造。在过去，人们认为"艺术"本身并不能成为目的，艺术是工艺，目的是生产具有社会功能的物品。

举例来说的话，艺术的功能可能与某些仪式、宗教、群体身份或个人地位有关。这一概念在世界各地的许多社会中仍然适用。例如，今天在西方，富人经常会将艺术品作为地位的象征或一种金融投资而收藏。

"艺术"究竟从何开始，取决于我们如何理解这个词。早期人类在 200 多万年前就开始制造简单的手斧等物品，但这些物品似乎都有一个纯实用性的目的，并没有任何装饰元素，也没有迹象表明它们指向任何除自身以外的东西——它们仅仅是工具而已。相反，一些新石器时代的石斧经过了极其讲究的打磨，有着精美的外形，但它们并不是为了砍伐森林从而为耕地开辟空间的，而是被埋葬在墓主人身旁，作为其身份地位的标志，成为随葬品的组成部分。

　　长期以来，人们认为最早的"艺术"是由现代人在中旧石器时代到上旧石器时代期间创造的，而这要追溯到大约 4 万年前。像霍伦斯坦-斯塔德尔的狮头人，或者"维纳斯"小雕像，以及拉斯科洞穴的野兽壁画，都被认为可能包含了某种宗教目的。在印度尼西亚的苏拉威西岛，也发现了同一时期的动物绘画。所有这些物品，都清晰地描绘或指向了一些可识别的物体。但最近的发现表明，非再现性的"艺术"[①]可能比它们要古老得多。

霍伦斯坦-斯塔德尔的狮头人

---

① 原文为"non-representational 'art'"，即非写实主义艺术或非再现艺术，此处拆开来译。再现艺术（Representational art）将客观事物如实呈现在作品中，非再现艺术则不具有写实性，而具有一定抽象性，但不完全等同于抽象艺术，而是基于艺术家本身的意图、具有强主观性的艺术。

2013年，考古学家在直布罗陀的戈勒姆岩洞墙壁上发现了一个类似网格的图样。它有点像"井"字形，可以追溯到3.9万年前。引人注目的是，它是由尼安德特人创作的。研究者肯定，这种需要繁复工作的作品肯定不会是屠宰动物时留下的痕迹。他们认为唯一的可能答案便是，那是具有象征意义的图像，表明尼安德特人具有抽象思维的能力。

就在戈勒姆岩洞被发现的一年之后，研究人员在爪哇岛的一个遗址内发现了一个蚌壳，经检查，上面有非常模糊的波浪形图样，这一发现再次震撼了古人类学的世界。令人惊讶的是，这个图样是50万年前由直立人刻下的。实验再次表明，要创造这样的"涂鸦"不仅难度很高，也需要主动的行为。不管这一物体对创作者意味着什么，它更新了我们的认知，让我们意识到我们远古的祖先究竟在何时拥有了以抽象思维处理事物的能力。

"艺术不是一面反射世界的镜子，而是一把塑造世界的锤子。"
苏联诗人弗拉基米尔·马雅可夫斯基（Vladimir Mayakovsky）

居所的历史

许多动物都会筑造自己的居所。有些动物的居所很简陋，比如鸽子会将树枝堆在一起筑巢。其他动物则会打造复杂且精细的建筑工程，如海狸建造的洞穴和水坝，以及白蚁筑起的巨大塔楼，里面有迷宫般的通道、育婴室和花园，还有非凡的通风系统。

相比之下,我们的远古祖先造出的第一个居所则是极其简陋的。就像其他猿类,如黑猩猩和大猩猩那样,这些居所很可能就类似它们惯常在树上建造的巢穴。然而,当早期人类离开非洲的热带森林和大草原、开始向气候更凉爽的地区扩散时,他们寻找并建造更多具有抗风能力居所的能力就变得至关重要。

第一批城镇

在公元前8000年时,巴勒斯坦杰里科的定居点已经发展成一座大约由七十处居所组成的小型城镇,能够容纳数百人。那些房屋是圆形的,用砖砌成。这是一种新的建筑材料,制作方法是将稻草混入湿润的黏土,再将形状修整为边缘弯曲的砖块,最后放在阳光下晒干。在砌好砖墙后,人们就会在上面糊上泥巴。大多数房屋仅有一个房间,但有的房间也可以多达三个。聚居地会被一堵墙环绕,可能是用于抵御洪水,墙内还有一座超过3.5米的高塔,内部有一个楼梯。这是这类建筑结构最早的实例,很可能是用于举行某种仪式。在土耳其南部的加泰土丘有一处规模更大的城镇,在公元前7000年就已建成,很可能能容纳数千人居住。那里砖砌房屋的地基不是圆形而是矩形的。房屋之间的地面上没有道路,人们要在平坦的屋顶上顺着梯子穿行。屋子的内墙被刷得很平整,灶台和烤炉所产生的烟气则会顺着开在天花板上的通道排出。

早期人类定居点的证据在洞穴中保存得最完好,人类会在那里扎营,却不会建造正式的生活空间。然而,并没有足够的洞穴来容纳所有在旧石器时代生活的人,所以当时他们也可能建造了许多露天居所，只不过残骸早就消失了。

最早的露天居所之一位于法国南部尼斯附近的泰拉阿玛塔遗址。遗址内能发现柱坑的痕迹，表明这里使用的是椭圆形的木质建筑结构，有一些木柱长近 15 米，宽至 6 米。这些居所也有生火的地方。它们的年代是有争议的：大约在 38 万年前到 23 万年前之间。

大多数这样的小屋或者帐篷都会有木质的建筑结构。覆盖在表面的材料从动物皮毛到涂有泥浆的芦苇，再到灌木枝丫等，都各有千秋。标准的地基形状是圆形的。因为这些居所的建造者是过着游牧生活的狩猎采集者，所以它们往往都只是临时居所。只有随着农业时代的到来，人们才开始住在永久性的定居点，并开始建造更加耐久的住所——房屋。

蔽体之物

除了工具、火和居所之外，为了能够在气候较冷的地区定居生活，衣服对于人类来说也是至关重要的。然而，服装的材料非常容易腐烂，遗留下来的考古证据也极其稀少。一些保存得最完好的证据来自干旱地区，或者来自欧洲北部的酸性泥炭沼泽。

间接证据表明，20 万年前出现的尼安德特人懂得制造衣服。DNA 分析的结果表明，正是在尼安德特人生活的时代，体虱（生活在衣服里）从头虱（生活在头皮上）分化了出来。一批年代大约在 10 万年前的石质刮刀表明，尼安德特人可能就是用这些工具来将肉从动物的皮上刮下的。他们在使用工具方面当然是非常聪明的，且能够狩猎诸如猛犸象、鹿和麝牛这样的大型动物。他们可能会将兽皮切割成能够穿戴的形状,并留出供头部和手臂穿过的孔。如果没有发展出这种技术,他们不可能在欧洲活过连续数个冰河时代。

现代人似乎已经设计出了一系列应用范围更广的服装技术。他们也需要适应其栖息地北部最后一个冰河期的气候条件。在格鲁吉亚的一个山洞里,人们发现了一些染了色的亚麻纤维,年代可追溯到 3.8 万年前。在俄罗斯,人们发现了 3.2 万年前的骨片和象牙碎片,很可能被当作针来使用。人们会使用锋利的锥子在兽皮上打洞,然后再用线将这些洞系到一起。

在纺织技术出现之前,兽皮仍然是制作服装的主要材料。人们在 2008 年发现了一批带有羊毛纤维痕迹的黏土碎片,这表明,人类很可能在 2.7 万年前就开始纺织了。

冰人的着装

1991 年,两名徒步者在穿越意大利和奥地利之间的奥茨塔尔阿尔卑斯山脉一处海拔 3200 米的山口时,发现了一具被冻在冰里的尸体。这是一具半木乃伊化的尸体,被称为奥茨(Otzi),经过检测,科学家们认为其年代大约在公元前 3300 年。保存完好的不仅是他的身体——还有他的衣服。这有助于帮助我们理解在他之前的几千年里衣服是如何被制作并穿戴的。

在奥茨的小腿上绑着精心缝制的护腿,而他的腹股沟和臀部则缠着一条薄薄的皮革腰带。为了能在海拔如此高的地区保持温暖,奥茨戴着一顶毛皮制成的帽子,并穿着一件由多块毛皮缝制而成的长袖大衣,衣长在大腿附近。他的脚上穿着用兽皮做成的短靴,里面塞满了草,以抵御雪地的严寒。然而杀死奥茨的并不是寒冷,而是他肩膀上的箭伤,以及头部受到的打击伤。

陶器的演化

为了保存或携带大量的食物——如浆果、谷物等——容器是必需的。在发明陶器之前,人们使用兽皮,或者用叶子和树枝制成的篮子来携带物品,但这些东西会被害虫侵入,也会被水或者火破坏。

以随取随用的黏土制成的罐子提供了一个更加持久的解决方案。罐子不仅相对结实,还能够用东西盖起来,这样就能保持内容物的新鲜,防止害虫的侵入。罐子是防水的,尤其是经过烧制,因此也可以容纳液体。它们也防火,所以能用来烹饪食物。

人们曾经认为陶器是在大约1万年前和农业一同发展起来的,然而在中国南部的一个洞穴中发现了一些陶器碎片,年代至少在2万多年前,且表面似乎有烧焦的痕迹——这表明这些陶器是游牧猎人的烹饪器具,早在定居农业文明出现之前就存在了。陶器很有可能是在不同时期、不同地点,分别被独立发明和创制的。

早期陶器的底部通常是圆形的,因为其边缘很容易开裂。它们是通过手捏,或者盘绕长长的黏土绳子而制成的;这些工序非常费时费力,直到美索不达米亚地区在大约6500年前发明出陶轮才得到简化。

用火烧制陶器会永久地改变它的化学成分和结构,使它更加耐用,并能抵抗更高的温度。已知最早的烧制陶器的例子出自日本的绳文文化[①],能够追溯到7000年前,很可能是土罐被意外暴露在火中。在这

[①] 原文为Jamon culture,应为误拼,实际上应该是Jōmon culture,属于日本的石器时代后期。

之后陶器就被放置在坑中,以高达900摄氏度的温度烧制。

> **陶器、食物和饮品**
>
> 在罐子出现之前,烹饪意味着要么把东西放在火上烧,要么就把它放在火堆的余烬中烘烤。防火防水的罐子意味着人们能够用水煮和慢炖的方法来烹饪食材了,而这些方法能从动物发硬的尸体中提取出营养,这样人们就不用像以前那样直接丢弃这些肉了。已知第一个用这种方法烹饪的菜肴可以追溯到8000年前,是一道用河马的骨头做成的汤。大约一千年后,伊朗人在陶罐中发酵谷物,生产出了已知最早的啤酒之一。

并非所有的陶器都有实用目的,器型也不一定都是罐子。也许最早的非功能性陶器是在克罗地亚发现的动物陶雕,制作时期约在1.75万年前到1.5万年前之间。几千年后,最早的文明——美索不达米亚地区,中国和印度——开始用陶土制作装饰性的瓦片、雕像和珠宝。这些陶器通常是将黏土与其他矿物混合起来,然后烧制而成的。这一技术需要窑炉的发明,因为其能达到的烧制温度比土坑要高得多。

第一批农民

当人类开始耕作时,他们启动了一场关乎我们生活方式的革命。在耕作之前,人类都是过着游牧生活的狩猎采集者。随着农业的出现,人们开始永久性地定居在一处——正如现当下大多数人所做的那样。

有了农耕，人类不仅能够为过冬和其他不景气的时期储存食物，还能够将剩余的食物用于交易。这些额外的资源可以用来换取原材料、做好的成品和劳动力，用于支持一系列在那之前从未有人设想过的许多活动，包括建造寺庙和发动战争等。剩余的粮食还能够让部分人口有生活在城市里的机会，并使其中一些人从事更加高度专业化的工艺和活动。

在热带地区，一些群体开展"森林园地"的工作已经好几千年了，而其他地方的狩猎采集者则已经开始收集和储存不易腐烂的食物，比如谷物。下一步就是意识到，如果把这些谷物播种在土地里，那么就能收获比种下去时更多的谷物。

这似乎首次发生在公元前 10000 年到公元前 8000 年这段时期，当时最后一个冰期刚刚结束，气候较为温暖。此时，在近东地区的"新月沃地"，即底格里斯河和幼发拉底河流域地区，人们开始种植小麦和大麦，后来又种植了黑麦和豆子——这就是耕作农业的开端。在接下来的几千年里，耕作农业在世界范围内不同地区独立出现了。在美洲气候温暖的地区，人们种植了玉米、葫芦、胡椒和土豆；在中国的北部和中部地区种植粟，在中国南部和东南亚地区则种植水稻；在撒哈拉以南的非洲地区，人们则会种植各种谷物和根茎作物，如山药。

"（人）粪田而种谷，……拘兽以为畜。"①

《淮南子》公元前 2 世纪的中国史料汇编

---

① 《淮南子·本经训》。英文原文为：People manured the fields and planted cereals. They seized wild animals and made them into domesticated livestock. 仅仅截取了其中两句，中间有省略。

种植过程本身也可以产出许多产量更高的品种。野生小麦会在成熟时掉落麦粒，而随机突变所产生的个体，其成熟麦粒会留在植株上，这样就更容易被收获。早期的农民会有选择地收割和播种有这类特征的个体，因此就无意中帮助繁殖了一个新的品种。

一系列新工具和新技术的出现不仅使耕作不再那么费力，还提高了产量。在约公元前 6000 年时，新月沃地已经开始实施基本的作物轮作，交替种植谷物作物与豆类作物。畜牧业也从这里开始，农民会利用腐烂的动物粪便——那是很好的肥料——来提高土壤的产量。在干燥地区，人们开挖了灌溉沟渠。

在种植或播种作物之前用来犁地（松土）的挖土棍最终被鹤嘴锄和锄头所取代。但更重要的工具是犁——其最简单的形式便是一块被固定在长柄上的刀片。通过犁地，新鲜的养分会被带到地表，杂草和前茬作物的残留物也能被掩埋起来，最后会腐烂并让土壤变得更加肥沃。早期的犁是用木头做的，得用人手拉动。后来，牛、水牛和马等役畜被配上了犁，人们也开始用更加坚固的新材料——铁来制作犁头。

农业的传播也影响了人类与周遭土地的关系。随着人们逐渐开始了永久性定居，土地和田地之间的界限也越来越清晰。在采用了农耕生活方式的文化中，人类对土地"所有权"（相对于狩猎场地的领土声明而言）的概念也变得愈发普遍。

动物的驯养

在人类开始驯化动物并将它们作为食物来源之前，世界范围内的某些地方已经实行了几千年的狩猎经营。例如，在温带的一些地区，森林被烧毁，给草原腾出空间，然后猎物会在上面吃草。

我们永远不会知道，人类在最初究竟是如何驯化野生动物的，但我们可以猜测，他们选择的应该是一些不太具有攻击性、又拥有群居本能的动物，这样就更加方便管理。在公元前 9000 年到公元前 8000 年这段时期，从中国到南亚、中东和北非地区，世界各地都在养殖绵羊、山羊、猪和牛。其他动物还有：南美洲的豚鼠和羊驼，埃及和近东的驴子，欧亚大草原的马，以及印度和中国的鸡和水牛。

这些动物产出了各种产品，尤其是肉类、羊毛和皮革。有些动物，如驴子、牛和羊驼还能提供体力，它们可以负重，也能拉动犁、雪橇和马车。一些动物不是被宰杀，而是被定期放血——血也是一种营养丰富的食物。一些人类种群的体内发生了一种突变，使一些成年人不再乳糖不耐受，于是一种定期收获动物产品的类似模式也应运而生了。对这些人来说，牛、绵羊和山羊的价值不只取决于它们的肉，也取决于它们产出的奶和用奶加工而成的副产品。

> **"人类最好的朋友"**
>
> 尽管在一些文化中，狼是"凶猛的野兽"的代名词，但它们其实是人类最早驯化的动物。温驯的、攻击性较小的个体被发现

> 可以以营地火堆旁的食物残渣为食。人类反过来发现，这些更加温驯的狼能够警告危险的来临，并帮助他们狩猎，因此一种互惠互利的伙伴关系就诞生了。这种关系的开端可能有许多谬误，甚至能追溯到 4 万年前，但最新的 DNA 研究表明，在 1.1 万到 1.6 万年前人类还是狩猎采集者时就发生了一次动物驯化，而今天所有品种的狗都是那次被驯化物种的后代。一旦个体被驯化并被收养，人类就会通过选择性繁殖来获取他们所看重的特征——因此今天的狗有着多种多样的品种类型。

不论是鲜奶还是鲜肉，都无法在不变质的状态下长期保存，于是各种保存这类食品的技术也出现了。如果奶被做成奶酪，它就能保存更久，同时原材料中富含营养的脂肪和蛋白质也能被保存下来。尽管人们在波兰发现了一些带有牛奶脂肪痕迹的滤网，可以追溯到公元前 5500 年，但首个奶酪是何时被做出来的仍然是未知数。同理，肉类和鱼类也能通过各种腌制的方法来保存，包括风干、烟熏和用盐腌渍。盐有着无比重要的地位，因此它也会出现在横跨欧洲、地中海地区、非洲和亚洲的远距离贸易中。

尽管种植农作物和饲养牲畜有助于保证正常的食物供应，但从事农业的人们发现，他们基本上还是更依赖单一的碳水化合物作物，如玉米、水稻或小麦。将这些早期农民的骨骼与他们狩猎采集者祖先的骨骼相比的话，就能轻易发现，后者的饮食更多样化，蛋白质含量也更丰富，因此更加健康和强壮。农业能维持更大规模的人口，但他们却不一定是最健康的。

依靠动物的力量

在第一批被驯化的动物中，大多数都是人类为了获得它们的肉、毛、皮革和奶而饲养的。然而随着时间的推移，人类开始重视某些动物的力量，在那之后，对周边环境的开发第一次不再完全依靠人力。

在欧洲和中东地区，阉牛（被阉割过的公牛，有着更加温顺的性情）在大约公元前4000年时被首次套上挽具并投入劳作。它们起初拖着雪橇，后来又开始拉犁和装上车轮的小车，这样可耕种的土地面积就大幅扩大了。它们的亲属水牛尤其适合稻田的潮湿环境，在南亚和东南亚地区也被应用在了类似的领域。

大约在公元前3000年，马在黑海和里海周围的大草原上首次被驯养，它将在长达五千年的时间里成为世界绝大部分地区最主要的运输工具。野生的马体型相对较小，但在人类的选择性繁殖后，诞生了许多不同体型的马，它们能够担任从拉动沉重的马车，到远距离传送信息等不同的角色——直到蒸汽机车发明出来时，马的速度才被超越。

野驴和马在同一时期被埃及人驯化，且它们都在美索不达米亚和埃及的早期文明中被广泛使用。

> **战争中的马**
>
> 在战争中，马起初并不是作为坐骑而出现的——这种情况下，

> 每匹马都要驮着一名全副武装的骑兵——它最初是用来拉动战车的。通常情况下，战车是由一匹或两匹马拉动的轻型马车，上面载着一名车夫和一名战士，配备有投掷长矛或弓箭。在公元前的 2 世纪和 1 世纪，这种战车在欧洲、中东、中亚、南亚，甚至远至东方的中国都非常普及，但到了公元 1 世纪初就基本被骑兵所取代了。武装的骑兵机动性更强，他们能够以比战车更大的单位集合，并能在更加艰苦的地形上作战。起初，骑兵的装备相对较为轻便，因为当时的马匹体型太小，无法承受身穿重甲、全副武装的骑手。骑兵通常的武器是标枪或者弓箭。随着人们培育出了负重能力更大的马匹，并投入使用了马镫和更稳定的马鞍，再加上全副武装的骑手会通过使用重矛来击打敌人的防线，因此骑兵就会作为冲击性武器进入战场。后来，火器的发展侵蚀了重甲骑兵的战术优势。

第三大类的役用动物则属于骆驼科，即以骆驼为代表的这类动物。在南美洲，主要的役用驼科动物是羊驼，它们在野外环境中早就不存在了。尽管南美洲的历代文明普遍将羊驼作为驮运动物来使用，但它缺乏拉犁或者牵拉有轮车的力量。在旧世界，有一个驼峰的阿拉伯骆驼（从北非到印度都有分布）和中亚、蒙古的有两个驼峰的双峰驼是两种体型更大的动物，被用作挽畜和坐骑。骆驼能很好地适应沙漠气候，并能在长时间没有水的情况下生存（尽管它们也能在几分钟内喝下 100 升水）。它们驼峰内的脂肪能够在食物短缺的时候提供能量。骆驼是阿拉伯半岛第一批被驯化的动物，在公元前 1000 年时，骆驼商队会拖着珍贵的商品，沿着阿拉伯半岛的西海岸长途跋涉，支撑着印度西海岸、美索不达米亚和地中海西部地区之间的贸易往来。

最后一类主要的役用动物则是大象。公元前3500年，印度象（曾在叙利亚以西被发现）在印度河流域被用作驮兽，此后一直被应用于农业和林业。它还被用于战争，驮运武装部队。非洲象远没有它们的印度表亲那般温顺。尽管它们在公元前3世纪因被迦太基将军汉尼拔用在与罗马人的战争中而名声大噪，但它们对己方造成的伤害可能并不比对敌人的打击要少。人们自很久以前就放弃驯化大象了。

车轮的发明

事实证明，车轮绝对是最持久也最实用的人类技术之一。它可能在公元前4000年被发明出来，然后成为运输重物的有效手段。后来车轮就得到了普及，且应用范围越来越广。

简洁起见，我们将其称为"车轮的发明"，但车轮和车轴的组合才是这一技术最关键的部分。当然，车轮最明显的用途体现在运输上，但许多其他的机器也依靠轮子来运作，如飞轮、齿轮等。车轮最早的考古证据出现在约公元前3500年的美索不达米亚，它可能是一个陶轮，尽管这种轮子可能在一千年前就被发明出来了。

车轮不仅仅是一个能滚动的圆柱体。在轮轴的概念出现之前，这类由树干制成的滚轮可能早就投入使用了，它的作用是在短距离内移动诸如岩石之类的重物。轮轴的组合减少了地面和滚筒之间的摩擦，并将滚动的部分连接到了一个更稳定的平台上。然而，这项技术带来了新的挑战。车轴的每一端，连同车轮中心的孔都必须是光滑的圆形，不然就会产生巨大的摩擦力，使轮子无法转动。第一批车轮是实心的木板,然后在公元前2000年,人们在木板中间引入了木质辐条,使之成为一种更轻便且弹性更佳的装置。

铁器时代晚期战车墓葬,法国马恩省

关于第一个轮轴组合出现的时间和地点,仍然存在一些争论。美索不达米亚和欧亚大草原的不同地区都是备选,时间则在公元前3300年到公元前3000年不等。在这些地方,有轮的交通工具起初只由牛来拉动,但在公元前3000年左右,马和野驴的驯化提供了更快的牵引力。不久之后,农业用车就被改造成战车,用在战争之中。

"当人类想模仿走路时,他们创造了车轮,尽管它看上去和双腿毫不相干。"

法国诗人纪尧姆·阿波利奈尔(Guillaume Apollinaire)
《蒂蕾西亚的乳房》(1971年)序言

装有轮子的交通工具大约在公元前 2000 年的中国投入使用，随后遍布欧亚大陆的大部分地区，但在哥伦布到达之前，美洲地区则从未使用过轮子，这可能是因为当地没有合适的牵引动物。羊驼的力气不足以拉车，而北美的野牛又无法被驯化（野马则在大约 1.2 万年前在美洲灭绝了）。

游牧民族的生活

我们的狩猎采集者祖先过着四处流浪的生活。一旦他们用完了一个地区的猎物和其他食物资源，他们就会继续向下一个地区迁移。农业的出现使得人们能够停留在同一个地方，这就导致了永久性定居点的出现。

上文至少概括了一个宽泛的情况。然而，在最后一个冰河时代结束后，苔原逐渐被草原和森林所取代，人们发现一些地区有着极其丰饶的物产，以至于狩猎采集者集团能够在季节变换下年复一年地停留在同一片地方。

虽然有了农业，某些牧民群体——那些放牧牛、绵羊、山羊、骆驼或驯鹿等动物的人——还是意识到，自己生活的地区条件越恶劣，他们就越需要不断地移动，以寻找新鲜的牧草。尽管游牧民族越来越少，但他们仍然存在于世界各地。

在某些地区，迁移不是持续不断的，而是由季节（旱季雨季，或者夏季冬季）来决定的，牧民会在不同的地方度过不同的季节。在山区，这种移动可能存在于两种不同的海拔之间，他们会在山谷中有一个永久性的居所，而在高海拔的牧场则会有一处夏季的房子。

> **中世纪时期对游牧民族的描述**
>
> 《马可波罗游记》(1298年)详细描述了蒙古人的游牧生活方式:
>
> 他们从不会安定下来,而是会在冬季来临之前迁移到更温暖的平原地区生活,以便为他们的牛群找到足够的牧草;到了夏季,他们会经常去山区里凉爽的区域,那里有水和青草,牛群也会免于马蝇和其他吸血昆虫的骚扰……他们的小屋或者帐篷是以撑起毛毡的杆子搭成的,形状是完美的圆形,各部位组合的方式非常巧妙,这样就可以将它们折叠成一捆并打包到一起,在迁徙时随身携带……他们完全靠肉和奶为生。

并非所有的游牧民都是牧民。他们中有些是商人,如罗马的马贩子,以及带着商队穿越撒哈拉沙漠的图阿格雷人;其他人则是四处巡回的手艺人,比如一些会修补锅碗瓢盆的传统爱尔兰游民。

游牧民经常会与定居人口发生冲突。定居人口形成了强烈的领地意识和土地所有权观念,而游牧民则有着非常不同的看法,往往会无视边界和边境线。如今,权力的天平是向定居人口那边倾斜的,他们经常怨恨并歧视游牧民。现代国家认为游牧民族是无法治理的,会频繁给他们施压,以便将他们安置在一个固定的地方定居。

在过去,权力的天平呈现出了非常不同的角度。广袤的大草原横跨了欧洲东部和中亚的大部分地区,曾经孕育了一批批好战的游牧骑兵——匈奴人,马扎尔人,蒙古人和其他民族——他们从东边的中国向匈牙利甚至更西边蔓延,掠夺、摧毁城市,并屠杀那里的居民。

从石器到青铜器

在超过 200 万年的时间里,人们依靠现成的原材料——木头、骨头,以及最重要的石头——来制造工具。由于石头在这一时期无比关键,因此考古学家将它称为石器时代。

石器时代被分为几个不同的时期。旧石器时代大约在公元前 10000 年结束,随后是中石器时代,然后是新石器时代。新石器时代见证了农业的诞生,这是人类自我维生方式的一次根本性革命。大约在公元前 9000 年,农业分别在近东地区①和中国萌芽。在接下来的 3000 年里,北非、中欧和南亚地区也进入了新石器时代,而西欧地区则是直到公元前 4000 年才进入这一时代。

石器时代的技术在新石器时代达到了顶峰。与旧石器时代一样,部分工具仍然使用剥落性的材料,如燧石和黑曜石(火山玻璃)制成,但会采用更多道工序和击打数来制作诸如刀刃之类的物品。其他工具,如为了得到耕地而砍伐森林时所用的石斧,是通过以水为润滑剂,在磨石上抛光或打磨玄武岩、玉石和绿岩等粗颗粒岩石制成的。这种剥脱和抛光技术属于劳动密集型的工作,由专门的工匠实施,因此他们的产品有很高的价值并有很大的交换市场。虽然在新石器

---

① 欧洲学者概念下的"东方",指的一般是地中海东部地区,包括巴尔干半岛、埃及、安纳托利亚、亚美尼亚、阿拉伯半岛、伊朗西部等地。如今这一概念一般被涵盖在更宽泛的"中东"一词下,或者使用更中立的"西亚"来代替。

时代有少数物品是用铜制造的，但金属直到青铜时代才在工具制造中普及开来。近东地区大约在公元前3300年进入青铜时代，欧洲东南部是公元前3200年，而中国则是在公元前3000年左右独立进入该时代。新的技术向西、向北传遍欧洲，并在公元前2000年左右抵达不列颠岛。

　　青铜是一种合金，是铜和少量其他金属的混合物，一般会用锡与其混合。铜很少以其单质形式存在，通常要通过熔炼其矿物矿石来提取，这就需要极高的温度。制作合金的过程还涉及加热和融化金属。

　　铜本身是一种非常软的金属，但加入锡会让它变硬——甚至比以前的石制工具更硬。青铜不仅让人们能够造出更加锋利、硬度更

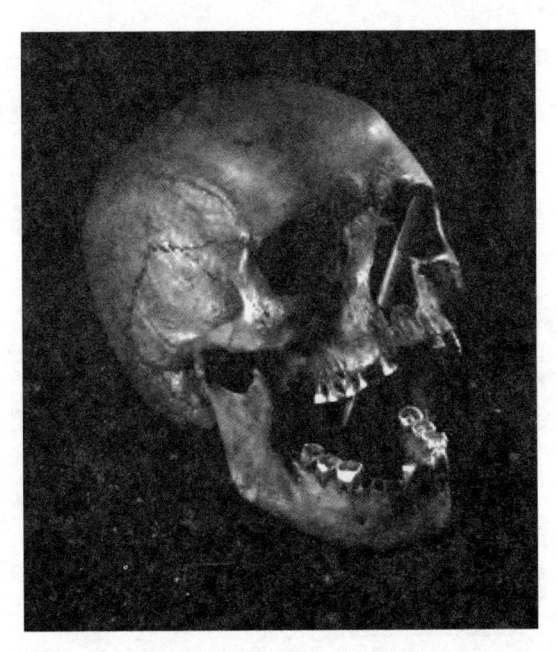

波斯莫斯人，一个丹麦新石器时代的头骨，里面还嵌着一个箭头

高的斧头,还能造出一系列新的工具和武器,如剑、胸甲和头盔。

锡比铜更加稀有,而且这两种金属一般不会在同一处被发现,因此青铜时代的技术也促进了远距离贸易的发展。比如,来自康沃尔郡矿区的锡被出口到远在地中海东部的腓尼基。另一种稀有金属——黄金也开始被人使用,应用范围主要是装饰领域。

"逮至衰世,镌山石,锲金玉……。"①

《淮南子》公元前2世纪的中国史料汇编

也许正是因为青铜和黄金制品的稀有和珍贵,比起新石器时代,青铜时代的文化显示出了更加鲜明的社会分化。尤其是青铜剑的出现,标志着精英战士阶层的形成。

社会地位和权力也体现在宏伟的建筑工程中,如公元前27世纪埃及的左赛尔阶梯金字塔——在全世界同等规模的大型建筑中它是最古老的,以及克里特岛和希腊本岛的米诺斯和迈锡尼文明的宫殿,还有复杂的宗教场所,如英国的巨石阵,还有中国商朝宏伟的皇陵。石头呈直线或圆形的排列出现在了许多文化中,它们的历史可以追溯到公元前3200年至公元前1500年,且图样愈发复杂,这表明当时的社会呈现出仪式化的趋势,甚至可能已经出现了政治集中化。激发这些创作的宗教信仰仍然是含混不清的,然而同时期天文知识的先进已经有迹可循了:仲夏时节的太阳会沿着巨石阵的中轴线升起。其他类似的仪式中心有爱尔兰博因河谷的大型墓葬群,梅肖韦古墓周围的一圈沟槽结构,以及奥克尼群岛的布罗德盖石圈,

---

① 《淮南子·本经训》。

每一个都要耗费上万个工时来建造。这些建筑显示了曾经存在大规模的指挥活动，因此也表明当时的社会已经存在更深层次的阶层分化了。

布罗德盖石圈，奥克尼群岛

从青铜器到铁器

和青铜时代一样，在随之而来的铁器时代中，铁成为制造工具和武器的主要材料，且不同地区会在不同时期进入这一时代。最早的铁器加工证据来自近东，能追溯到大约公元前1200年。

在印度次大陆，铁器加工似乎是和近东同一时期独立发展起来的，而在中国则稍晚。这门技术从近东传入欧洲，路线可能经过了高加索地区，并已经在公元前500年时遍及整个欧洲大陆了。有些地方，如撒哈拉以南的非洲，则完全跳过了青铜时代，因为在那里铁器直接取代了石头。

在铁器时代之前，唯一被投入使用的铁以元素的形式存在于流星之中，但这种铁极其罕见，只应用在珠子之类的装饰品上。直到人们学会了通过熔炼矿物矿石来提取铁后，技术革命才成为可能。

一般来说，锻铁比青铜软，因此铁制工具磨损得更快。然而铁还是取代了青铜，部分原因是铁矿的分布比铜矿和锡矿要广泛得多，部分则是因为铁器的生产成本比较低。铁锄和铁钉分别是农业和建筑方面的重要革新。

在铁中加入碳，能够制造钢——那是一种更加坚硬牢固的材料——这门技术在罗马时代就已经广为人知了。碳的比例很关键：加得太少，铁就不够硬；加得太多，铁就会太脆。这就使得钢铁制品更加珍贵，而锻铁则一直被应用于较为便宜的物品。

青铜时代创造了只有一小部分人为精英的社会，因为能赋予人权力的技术都非常昂贵。在铁器时代，随着铁制工具和武器的普及，权力的分配变得更加均匀，尽管一定程度上的社会阶级分化仍然存在。这一差异在古希腊的战争模式中可见一斑。荷马（Homer）的《伊利亚特》中描述了特洛伊战争（故事背景是青铜时代的迈锡尼文明），其中在国王和王子的对决场景中描写他们乘坐战车进入战场。然而在公元前750年后，古希腊的城邦城市崛起，战争的参与者是所有成年男性公民，他们必须自己承担盔甲和武器的费用，且会作为步兵以严格组织的队形作战。

凯尔特人

在世界的几个不同地区——地中海地区,以及亚洲的西南部、南部和东部地区——铁器加工技术都是由已经实现了部分城市化的社会发展起来的。然而,在铁器时代,欧洲温带地区的社会仍然没有经历城市化,基本上处于部落状态。其中大部分部落,尤其是西欧的那些,被称为"凯尔特人"。尽管他们有着共同的语言和文化元素,但他们并不认为自己是凯尔特人,而且DNA分析也显示他们之间存在着巨大的遗传多样性。这些部落由住在村子里的农民组成。这些村庄可能有首领,然而亲属关系似乎在社会组织中发挥了极其重要的作用。铁制工具让他们能够更快地清除森林,甚至还能疏通沼泽。这一时期的典型特征是有大量的山地堡垒,这表明战争在当时并不罕见,但这些堡垒可能只在战时才有人驻扎。当罗马人入侵高卢(现在的法国)和不列颠时,山地堡垒则证明它们并不足以抵御一个成熟的城市文明所组织起来的军事力量。

[第四部分]
人类的文明

　　在某些地方，农业产出了可用于交易的粮食盈余。这有助于支持比以往更广泛的人类活动，从愈发专业化的手工业到日益组织化的宗教活动，比比皆是。物资的盈余也有助于给城市建设提供资金，以及资助国家和帝国的建立——手段通常是战争。随着人类社会变得越来越复杂，文字和法律成为管理的主要工具，而愈发盘根错节的权力等级制度则通过武力来维持。

时间线

公元前 5500—前 4000 年：美索不达米亚南部（今伊拉克），苏美尔文明在幼发拉底河河谷诞生。

公元前 3650—前 1400 年：克里特等爱琴海文明的出现。

公元前 3100 年：出现了第一位统一了上埃及和下埃及的法老。

公元前 2600—前 1900 年：印度河河谷文明步入成熟期。

公元前 2580—前 2560 年：吉萨大金字塔建成。

公元前 2070 年：中国的夏朝。

公元前 2000 年：中美洲玛雅文化正处于前古典时期。

公元前 1754 年：早期法律系统《汉谟拉比法典》在巴比伦帝国诞生。

公元前 1650 年：赫梯王国在土耳其地区出现。

公元前 1600 年：商朝在中国的黄河中游建立。

公元前 1600—前 1500 年：奥尔梅克文明在现代墨西哥地区建立。

公元前 1500—前 1077 年：埃及新王国时期，帝国疆域遍及从黎凡特到努比亚的大片地区。

公元前 1500—前 800 年：吠陀时代，印度教经文在古印度出现。

公元前 1070 年：库什王国在现代苏丹地区建立。

公元前 1000 年：提尔和西顿等腓尼基城市步入黄金时代。

公元前 911—前 612 年：新亚述帝国在底格里斯河河谷建立。

公元前 900—前 200 年：查文文明在现代秘鲁地区出现。

公元前 800—前 400 年：达摩王国在埃塞俄比亚出现。

约公元前 550 年：波斯的居鲁士大帝建立阿契美尼德帝国。

公元前 510—前 323 年：古希腊的古典时代。

公元前 509 年：罗马共和国建立。

公元前 331 年：马其顿的亚历山大大帝击败了波斯的阿契美尼德帝国，并将领地从亚得里亚海扩大至印度河流域，希腊文化传播至遥远的土地并产生了深远影响。

公元前 321—前 185 年：孔雀王朝在印度建立。

公元前 300 年：亚历山德里亚图书馆建成，那是古代世界最大的图书馆。

公元前 221 年：中国首个大一统帝国，秦朝的建立（随后便是最长寿的王朝，汉朝）。

公元前 212 年：罗马公民身份被授予居住在帝国内的所有自由人。

公元前 100 年：罗马城成为世界上最大的城市。

150—650 年：特奥蒂瓦坎成为哥伦布时代之前美洲大陆上最大的城市，最多曾有 12.5 万居民。

300—1200 年：加纳帝国在现在的毛里塔尼亚和马里地区建立。

410 年：西哥特人洗劫罗马城；随后，西罗马帝国在 476 年走向了最终的灭亡。

661—750 年：倭马亚哈里发成为迄今为止面积最大的帝国，从现代的格鲁吉亚、乌兹别克斯坦和巴基斯坦开始，横跨阿拉伯半岛和北非，一直延伸到西班牙和葡萄牙地区。

1055 年：土耳其塞尔柱王朝占领巴格达。

大约 1200 年：印加人在秘鲁的安第斯山谷安家。

1200—1400 年：北美的密西西比文化到达顶峰，密西西比河流域有了大片耕地,城镇人口多达2万人。

1206年:德里苏丹国建立。

1211年:蒙古人开始征服中国北部和欧亚大陆。

1368年:明朝在中国建立。

1393年:帖木儿(绰号"帖木尔兰")劫掠巴格达。

1405年:郑和在印度洋的航行开始。

1438年:帕查库特克征服印加时期的开始。

早期贸易路线

早在成为定居农民之前，人类就开始了贸易，交换诸如工具和装饰品等物品。贸易能够让那些有多余物品的人获得他们想要的其他商品，也能促进文化和思想的交流。

随着农耕时代的开始，生产者和消费者会在当地市场上出售或购买剩余的农产品。然而远距离的贸易则要复杂得多：它需要中间商——商贩——做好心理准备，接受可能发生的风险，以及延迟交货所导致的利润远不及预期的糟糕情况。

已知最早的长途贸易之一是黑曜石贸易。在冶金技术发展之前，这种坚硬的黑色火山玻璃曾经是最有价值的材料之一，因为它能够被加工成许多非常锋利的刀片。早在公元前14000年，黑曜石就从安纳托利亚（土耳其的亚洲部分）的产地被运送到黎凡特和美索不达米亚北部地区。

几千年后，大约从公元前3000年开始，古埃及人从努比亚南部进口象牙，从西奈半岛进口铜和绿松石，从波罗的海进口琥珀。在公元1世纪时，贸易网络将中国、日本、东南亚、印度次大陆、中亚、阿拉伯半岛、东非和罗马帝国联系了起来。在公元2世纪时，罗马自身的人口可能就超过了100万。他们会从西西里岛、突尼斯和埃及大量进口粮食，保证该城市的物资供给，这是一项惊人的经济、管理和后勤成就。

从古代世界到现代早期，亚洲一直是远距离贸易的巨大动力。香料从东南亚经海路运来，而属于珍贵香料的乳香和没药则会沿着

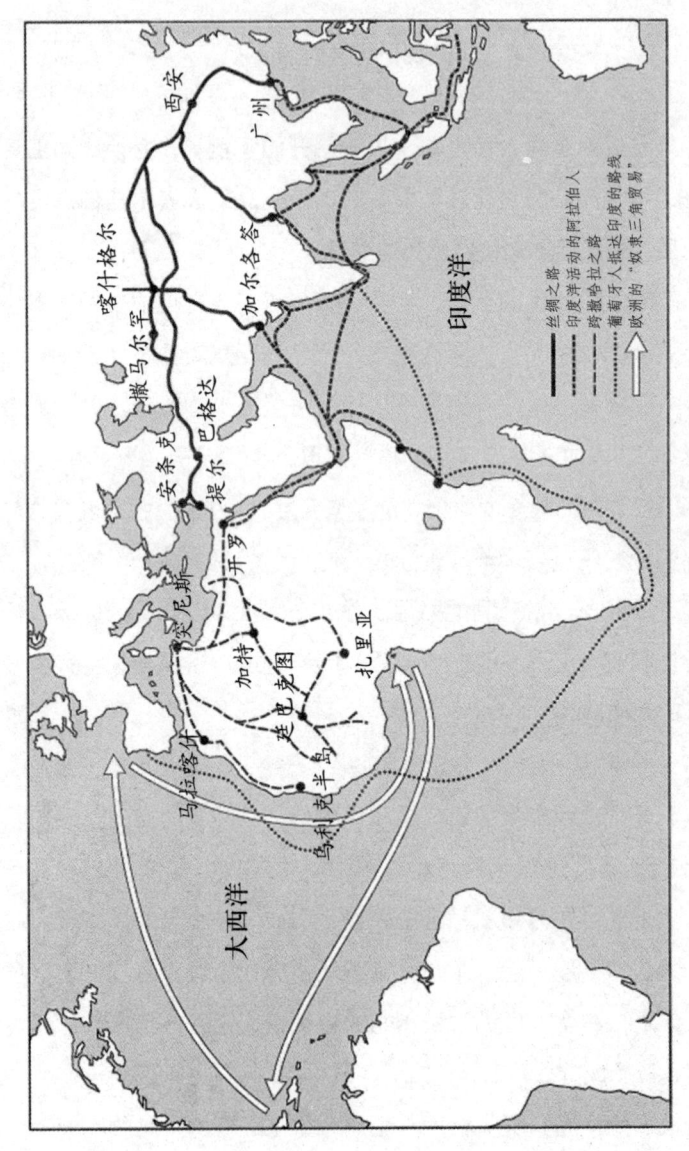

丝绸之路和历史上其他主要的贸易通路

香料之路，从阿拉伯半岛南部经由陆路和海路被运往地中海及更远的地区。阿拉伯半岛南部的商人也会使用香料之路来贩卖黄金、象牙、珍珠、宝石、香料和布料，它们最终会抵达非洲、印度和远东地区的诸多港口。从8世纪开始，横跨撒哈拉沙漠的商队路线也发挥了重要作用，这些商队会将黄金和象牙从西非运往地中海地区。通过这些贸易，一些非洲王国变得强大和富有。在西非的萨赫勒带和东非沿海地区，伊斯兰教的传播和贸易的增长与城市的扩张息息相关，如尼日尔河上的廷巴克图、尼日利亚北部的卡诺、印度洋上的摩加迪沙和蒙巴萨。

从公元前1世纪开始，世界上最重要的长途贸易路线是丝绸之路——它实际上是一系列不同的陆上路线，从中国出发，横穿中亚和中东地区，最终到达地中海和更远的地区。丝绸是中国的主要出口产品之一，在罗马的富人女性中非常畅销。后来，瓷器又成为主要的出口商品。在自西向东的方向上，中国会进口黄金、白银、宝石、象牙和其他天然宝石。

在这一时期，中国在技术上比欧洲先进得多。正是沿着丝绸之路，中国的造纸术、印刷术、火药和指南针等发明才得以传到西方。疾病也在向西传播，包括公元542年在东罗马帝国（后来的拜占庭帝国）首都君士坦丁堡肆虐的瘟疫。1453年，奥斯曼土耳其人占领君士坦丁堡后，丝绸之路的西端关闭了，这刺激了如葡萄牙等大西洋沿岸国家绕过非洲南端抵达亚洲，以此来建立新的海上贸易路线。

"中国的瓷器被出口到其他国家，甚至远至我们西方的土地。"
穆斯林旅行者和观察家伊本·白图泰（Ibn Battuta，1304—1368年）

城市的诞生

贸易的发展和向务农转变的生活方式，促进了城市的发展，这又进一步便利了复杂交换网络的形成；而定期农耕所得的粮食盈余使得一些人能够专门从事除农业外的其他工作。城市的发展往往依赖于能够支持大量人口的农业系统，而农业资源最富饶的地区往往坐落在肥沃的河谷，如美索不达米亚（今伊拉克）的幼发拉底河和底格里斯河河谷，埃及的尼罗河，位于今巴基斯坦的印度河，以及中国的黄河河谷地区。这些都是最早的村镇和城市发展起来的地方。

一些早期城市起初是宗教组织的中心，后来才与教育、文化和法律联系起来。比如，在美索不达米亚的尼普尔（大约在公元前5000年首次有人定居）和乌鲁克（大约在公元前3500年发展起来），最重要的建筑物是一块宗教用地，包括一片高耸的神庙群，由以泥砖搭成的金字形神塔组成。祭司们不仅是神力的代表，还管理着城市的大部分土地，负责记录农业生产并储藏农作物。这些城市的精英统治阶层往往也占据着宗教区域内的建筑。后来，包括耶路撒冷在内的许多城市，都是围绕着中央神庙规划的，中美洲的玛雅城市也是如此，如奇琴伊察，其神庙金字塔（羽蛇神殿）仍然是该遗址的主要建筑。

在古代中国，以种植粟和水稻为基础的农业与高度复杂的行政系统相结合，发展出了非常强大的经济体系，保证了国家能够支持大量城市人口的发展。商朝（约公元前1600—前1046年）时有许多都城城市，随后的周朝（公元前1046—前256年）也有一些都城；我们已知最早的有关城市规划的文献证据正是出自这一朝代。周朝城市设计的原则为网格状布局，这一传统一直延续到现代中国，其基础是由宇宙学、占星术、风水学和数秘术[①]组成的四维宗教系统。

> **被遗弃的城市**
>
> 城市不仅会扩张，有时也会缩小甚至被遗弃。位于今天柬埔寨的吴哥，是工业化之前世界上最大的城市之一，其宏伟的吴哥窟寺庙也是当地成千上万座宗教建筑之一。吴哥在15世纪时基本已经被废弃了，原因未知，而历史学家们提供了从敌人入侵到瘟疫肆虐等各种解释。另外，一些城市的核心基础设施，如灌溉系统，可能已经崩溃，导致了粮食的短缺。特奥蒂瓦坎（位于现在的墨西哥）是到公元5世纪为止美洲最大的城市，然而在公元550年时，其主要建筑和纪念碑被袭击并烧毁了，造成这一结果的可能是入侵者，也可能是反对统治阶级的内部暴力起义。

唐朝（618—907年）的首都是长安（今西安），约有200万人口。城市呈对称布局，用来有序地划定专门的功能区，其规划思路认为空间的排布和规划与精神气运有关。唐代的中国有十多个人口超过30万的城市，而在宋朝（960—1279年）后期，作为大都市和商业中心的杭州有100万居民，而当时的伦敦只有15000人。

为了安全和方便治理，早期的城市通常都建有围墙。古希腊历史

[①] 将事物化成数字并与神秘学相联系的体系，如利用姓名笔画数占卜时运。早期数学家多有涉猎数秘术，它和数学的关系类似于占星学和天文学的关系。

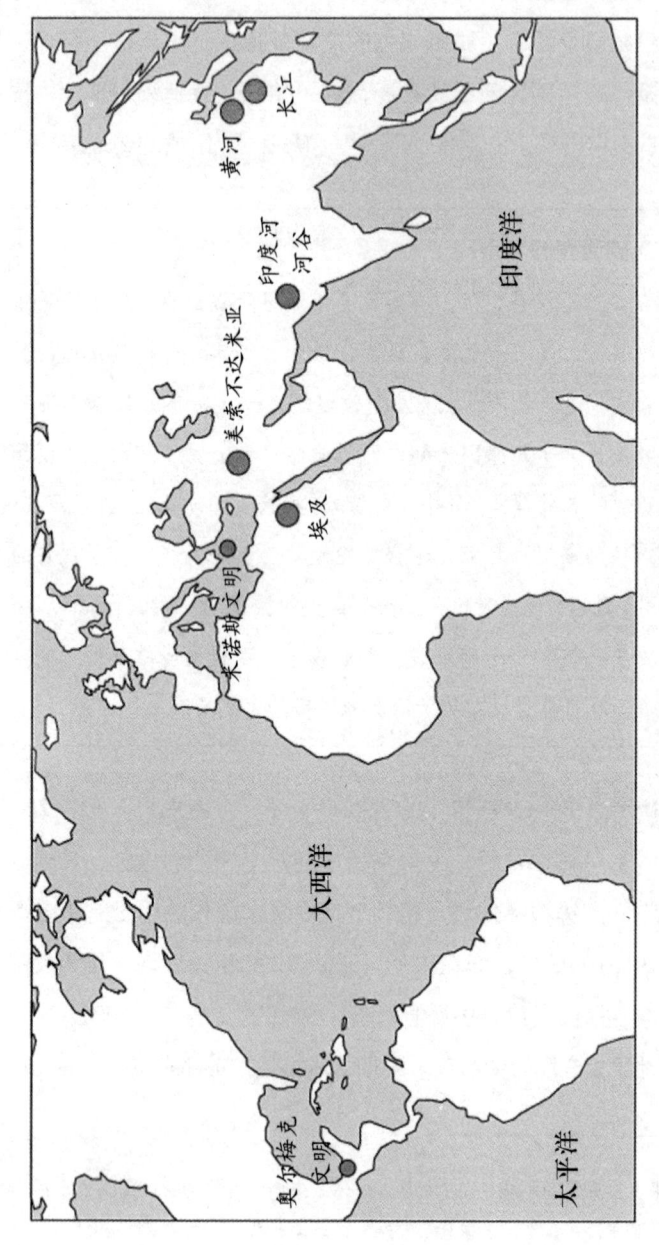

公元前 5000 年到前 2000 年的早期城市文明

学家希罗多德（Herodotus，约公元前485—前425年）称，巴比伦的城墙有100米高，宽到足以让两辆四匹马并驾的战车同时通过。工匠区——某一特定行业从业者聚集的区域——的设置，是当时城市的一个普遍特征。对于铁匠、玻璃工匠或者陶艺工匠来说，住在一起是大有好处的：他们使用相同的原材料和工具来谋生，对于顾客来说也比较好找。居民区有时会延伸到城墙之外，而墙内的区域在发生冲突时也会充当避难所的角色。

交通技术的发展

几千年来，贸易的重要性不断增加，刺激了新兴交通方式的发展，它们首先用于连接偏远地区，其次也会将它们整合到一起。

不同的运输方式适用于不同的环境。在陆地上，主要的方式是步行、骑马和使用役畜来搬运货物、拉动马车。然而，水——无论是河流、湖泊还是海洋——往往比陆地（有沼泽、森林和破碎的地面）能提供更加快捷的路线，而且能够运输总量更大的货物。对于陆地来说，关键是找到可以渡河或者架桥的地方，以及能够穿过山脉的小路。水路运输需要同行的河流和天然港口，这些特征往往决定了人类在哪里定居。如今，世界上许多最重要的城市都是在可通航的河流或天然港口上发展起来的。尽管交通技术发展了数个世纪，其基础仍然是一样的，即依靠人力、畜力、风力或水力；直到19世纪蒸汽动力才改变了陆地和海上运输方式。

将牲畜驱赶到来往距离较远的市集贩卖，有助于建立陆上运输路线。但这种需要长途跋涉的距离动辄长达数百公里，会导致牲畜体重减轻，价值下降，因此它们会被留在市集附近放牧以再次增肥。所有的这些都推高了肉类的成本，因此通常只有富人才吃得起肉。世界各地的传统故事中都会提到奢华的盛宴，菜肴的组成正突出了肉的稀缺和珍贵。

在蒸汽机出现之前，在水面上移动通常要取决于气候和天气。冬天水面结冰、春天雪融形成湍急的水流、夏天的干旱都会造成不同的问题，河道的自然淤塞也是如此。它可能会让河床变得太浅，从而无法航行。在许多水流湍急的河流中，想用马匹来拉着船逆流而上是不可能的。因此，以德国的莱茵河为例，船只会先在上游造好，然后在带着货物顺流而下后，就会被拆解回木板。

在海上，风暴是一个无法避免的危险因素，而逆风和逆流则会阻碍旅行的实现。不同的盛行风和洋流会有着不同的顺逆方向，影响了海上迁徙和贸易路线的展开。例如，要在南太平洋自东向西航行是非常困难的，因为洋流会把船只推向北边。在大西洋，欧洲航海家在17世纪建立的航线利用了盛行风和洋流，从欧洲向西南方向驶向美洲，然后从东北方向返回，返程的路线会在去程的北部，二者相距数百里。长距离航行的危险也影响了跨洋旅行。虽然早期的海员在一定程度上能通过太阳和星星，以及使用中世纪晚期从中国传入欧洲的磁性罗盘来导航，但他们还要再过几个世纪才能掌握确定自己的纵向位置的方法。

在陆地上，动物是人类运输的重要工具（比如，在撒哈拉以南的非洲和南美洲的安第斯山脉中就很常见）。在世界不同地区，一系列不同的哺乳动物被归为挽畜——牛、马、驴、大象，以及骆驼属的各个成员。起初，挽畜只是携带或者托运它们的货物（通常会放在某种较为原始的雪橇上）。轮子的出现带来了巨大的进步，但在世界大部分地区，由于缺乏良好的道路条件（在冬天往往是泥潭，在夏天又被车辙弄得坑坑洼洼），以及缺乏综合的道路系统，陆上运输仍然面临诸多限制。河道运输能够负荷更大的货物，在许多地方，运河交通网的建设要远远早于路面维护系统的建设。

从以物易物到货币交易

交易货物最简单的方式是以物易物。在这一系统中，货币不参与货物交换的过程。货物可能是诸如谷物等原材料，也可以是锅之类的成品，还可以是劳动力或者讲故事等服务。

然而，以物易物是一个非常不灵活的系统，因为它要求交易双方正好有对方想要的货物。在没有货币或信用系统的社会中，几乎没有任何证据表明人们会系统性地采用以物易物的交易形式。更有可能的是，一旦人们开始规律性地交易货品，他们很快就会认可并实施另一种模式，即先统计要换的货物，以便让卖方获得某种"信用"，用于日后提供货品。

货币和信用都是出于这一原因而产生的。简单来说，信用就是对一方"欠"另一方多少钱的记录。货币是所有具有普遍价值的商品，并能让信用在各方之间流转。重要的是卖家能够在市场上给他们的商品定一个价格，因为他们知道可以用这笔钱来购买不同的货品。货币也让储存或出借财富的行为变得更容易。

如果贸易社区内存在信任，并且不需要路途中一直携带货币，那么简单的赊销法或无价值的代币就可以投入使用了。如果信任度较低，或交易距离过远，就需要其他的解决方案了。一种早期的信用记录是使用信用符木（tally stick），将一根有缺口的棍子折成两半，债权人和债务人各拿一半（因为每根棍子折断的截面都不一样，所以很容易检查出是否存在犯规行为）。一些社会还选择具备内在价值或稀缺性的物品当货币，因为这类物品就算不被当作货币，也可以正常使用，而且稀有的物品更难伪造。它们可能是使用诸如金银等贵金属制作的代币，但其早期形式也各不相同，包括稀有的贝壳（会被用在珠宝上，所以价值很高）、有用的工具、小麦和牛。

贝壳货币几乎在每个大陆的不同时期都被使用过。早在公元前1200年，印度洋一带就使用子安贝作为交易的代币，而直到19世纪中期，贝壳在西非的某些地区仍然是法定货币。在古代中国，贝壳也是非常重要的贸易代币，以至于"钱"或"货币"的字样来源于表示一个贝壳的象形文字。随着时间的推移，离海岸较远的人们无法获得足够的贝壳来满足他们的贸易需求，因此开始使用现成的材料来制作代币，如动物角、骨头、石头、黏土、青铜、银子和金子。

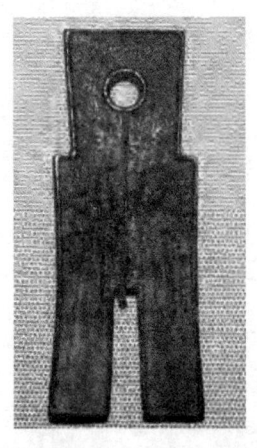

中国的青铜货币（公元1世纪初）

吕底亚国王克罗伊斯的金币（公元前7世纪），和印有阿波罗头像的马其顿四德拉克马银币（公元前5—前4世纪）

公元前1100年左右，中国人采用了另一套代币系统。这些是工具和武器的缩小版复制品，以青铜铸造，其原型在以前都是有价值的易货物品。然而这些微型锄头、铲子、匕首和箭矢有着锋利的尖头，非常不利于日常使用，因此随着时间的推移，它们逐渐被金属圆片所替代。

然而，第一批"正规"的钱币是在亚洲另一边铸成的，即位于今天土耳其的吕底亚王国，时间大约在公元前560年。它们是由一种被称为银金矿的金银混合物制成的，上面盖着国王的印章，作为其价值的保证。随着金属匠人水平的提高，他们在钱币上加入了更多细节，用来证明每一枚钱币都有着相同的金属含量和重量。他们意识到，钱之所以重要，是因为人们必须无条件信任它。

埃及的小麦钱币

货币代币的内在价值很少能达到其交换价值那么高。基于本身的装饰性，贝壳和金银都具有一定价值，然而它们作为货币被使用时，价值就提高了。使用日常用品作为货币的例子则更罕见。一个著名的例外就是古埃及人的小麦钱币。几千年来，他们将自己复杂的银行和金融系统建立在小麦之上，因为小麦作为所有人的主食，具有即时性的重要内在价值。在其他的一些地区，这种货币体系不可能成立，因为收成是无法预测的，而尼罗河流域每年的洪水泛滥和产量稳定的土壤意味着埃及人能够将小麦作为一种稳定的——尽管也是笨重的——货币而使用。

便于交易的纸币

在吕底亚人首次铸造钱币后的两千年里，这些由贵金属或半贵金属制成的小圆片是世界上大部分地区最常见的货币形式。但对于大宗交易来说，硬币大且笨重，而纸做的钱币意味着见票即付，显然要方便得多。

第一张这样的金融本票出现在公元前 2 世纪的中国，以皮革制成。在中国人发明了纸后，他们迅速意识到这是制作钞票的理想材料。公元 7 世纪，纸币开始在当地流通，并在 10 世纪时更加普及。

在中世纪晚期，意大利和弗兰德斯的商人开始使用私人本票，这相当于个人的欠条，无论是谁持有都能兑换成钱币。直到 17 世纪 60 年代，欧洲才开始印刷第一批纸币。起初纸币印制是由银行或其他私人机构负责的，后来这成为国家政府的独有特权。

第一批发行纸质钱币的欧洲政府其实在北美洲殖民地。从欧洲运钱币有时需要几个星期甚至几个月才能到达，因此殖民地政府不得不采取发行借据的方式。第一个例子发生在 1685 年的法属加拿大，当时的总督给扑克牌标价并署名，将其作为现金来使用。在 18 世纪，纸币促进了贸易的扩张，尤其是在国际范围内，银行和富商开始购买和出售外国货币，从而创造了第一个货币市场。如果交易者相信某个国家的政府是强大而稳定的，那么该国货币相较其他货币就有可能升值。国际竞争导致各国试图影响其对手的货币价值：不是通过抬高价值，使其货物变得过于昂贵而无法出口，就是通过压低价值，减少对手进口货物的能力——以及用作战争的资金。

"所有这些纸片的发行,都像纯金和纯银一样庄重且威严……忽必烈使得它们在自己所有的王国、省份和土地上畅通无阻。"

《马可波罗游记》(1298 年)

信贷、债务和投资

即使是最早的经济体也存在信贷系统,而只要存在这一系统,就会产生周期性的债务危机。许多战争和革命就源于债务和免除债务的问题。

信用符木和类似的信贷记录至少能追溯到古代的美索不达米亚——有息贷款也是如此。只要存在这样的贷款,借款人就可能陷入欠债状态,他们的财产会被没收,或者面临更糟糕的情况,即家庭成员被拿去"抵债",沦为奴隶。为了解决由此引发的社会问题,以及保持其臣民的忠诚,苏美尔和巴比伦的国王会定期宣布"大赦",取消消费者的债务。后来的希腊和罗马统治者通过向公民发放付款(比如通过负税率[①]),来应对债务人叛乱的威胁。

对债务可能造成问题的认识,也会反映在道德声明中,这与是否得到了宗教层面的制裁无关。希腊哲学家柏拉图(Plato,约公元前 427—前 347 年)在《理想国》中提出了一个反问:"正义难道不

[①] Negative tax rates,即介入那些实际收入低于维持一定水平的家庭或个人,按一定比例付给所得税。它实际上是一种有固定比例的财政补贴制度。

就是个偿还债务的问题吗?"如果要回答这个问题,只能说正义比这要复杂得多。高利贷(发放有利息的贷款)被中世纪的基督教会所禁止。同时,伊斯兰教只允许利润共享的贷款(贷款人只能从债务人的投资中获得一定的利润,而不是直接要求偿还利息),并禁止债务奴隶。然而,在欧洲(中世纪晚期的意大利)发展起来并给商业活动的迅速扩张提供支持的银行系统,正是基于有息放贷而建立起来的。

除此之外,还可以说如果1545年英国没有对高利贷放宽法律限制,两个世纪后开始的工业革命根本就不会发生:资本回报的诱惑鼓励人们通过投入金钱来冒险。因此,"通过借贷就能获得收入"这一预期,成为资本主义制度的一个关键特征,且早就得到了长足的发展。1609年阿姆斯特丹银行(所有现代中央银行的前身)和1694年英格兰银行的成立,使荷兰和英国拥有了比其他地方更复杂和稳定的信贷系统,这两个国家的经济也有了显著的增长。

> "年收入二十镑,年支出十九镑又十九点六,就是幸福的。年收入二十镑,年支出二十镑又零点六,就是悲惨的。"
>
> 米考伯先生,查尔斯·狄更斯(Charles Dickens)的小说
> 《大卫·科波菲尔》(1805年)中的一个人物。
> 像狄更斯的父亲以及成千上万的人一样,
> 米考伯因为没有还清债务而被关进了债务人监狱

纸币使用的增加鼓励了债务发行的进一步增长。它让借款变得更容易,但增加了对借款人资产估值的难度,这样就难以衡量他在可接受的风险水平下能借多少钱。经济的不可预测性也会影响债务

的发行。风暴和疾病等因素可能会破坏生产和贸易。保险也不能充分抵消这种灾难,这便是经济系统的另一个特点,且会随着时间的推移逐渐增长。

纸币和债务发行的结合意味着流动性资产——可被借出的那部分钱——并不总是可靠的。信用可得性的变化有时会以信用扩张和信用紧缩的周期性形式出现,这就会形成经济繁荣或经济萧条的局势,产生较高的通货膨胀和通货紧缩率,从而带来一系列不同的问题。例如,在法国,股票价值的预期和纸币数量的激增导致了 1720 年的金融崩溃,在这种情况下,纸币不再有效:因为纸币系统已经崩溃了。

现代世界经济衰退和萧条的根本原因,与影响美索不达米亚早期经济的原因是一致的,而且债务发行和债务豁免等问题可能还将继续对未来的政治和经济选择产生影响。

以文字储存知识

毫无疑问,书写一直是人类智力发展的重要工具。在文字系统发展出来之前,一个人或社群积累的知识和经验只能通过口头传递,这就限制了它们的数量和种类。知识可能会随着个人的死亡而丢失,或者在人类记忆的缺陷下被扭曲。

一旦有了文字,知识就可以随着时间的推移被记录和储存。在有了书籍和图书馆后,人们就不必依赖于记忆,且有可能获得历代积累下来的智慧。

留下永久记录的尝试至少可以追溯到大约 2 万年前,当时欧洲正处于最后一个冰河时期,旧石器时代的猎人在骨头和鹿角上留下了有规律的一组组切口，它们可能具有日历的功能，也可能记录了驯鹿等猎物的迁徙情况。

然而，真正的文字必须要更灵活。书面的符号得能够传达口头实际说出的词汇和声音，而不能仅仅是某种宽泛的想法。一个单一的书写系统能够用来表示许多不同的语言。例如，大约有2500年历史的罗马字母被用来书写一些欧洲语言，包括罗马尼亚语和挪威语等。

在近东、中美洲、印度河流域和中国等不同的地方，不同的书写系统分别诞生了。最早的是公元前3100年左右在美索不达米亚发展起来的楔形文字，其含义是"形状像楔子的"，指的是抄写员用笔在泥板上刻下的痕迹。

> **不同的书写系统**
>
> 世界上有三种主要的书写方式。在诸如中文的象形文字中，每个符号能代表一个完整的词；在如古巴比伦的楔形文字和日语等音节系统中，每个符号代表一个音节；而在诸如希腊语、希伯来语、阿拉伯语和罗马字母等字母系统中，每个符号一般代表一个发音。

书写首先出现在早期的城市社会中，与城市出现之前的时代相比，那里有着更复杂的社会阶层分化。精英统治阶级需要文字作为控制大量商品和众多臣民的手段。例如，在中美洲的石板上和中国古代的甲骨文上，都发现了刻有统治者名字的纪念铭文——这有助于加强他或她独特且强大的社会地位。

在合适的时候，大多数（但并不是全部）已经发展出文化的社会就会开始将文字用于更广泛的目的：商业合同、信件、宗教仪式和法律，其应用领域可以是宗教的也可以是非宗教的。书面文字出现得较晚：比如，美索不达米亚的《吉尔伽美什史诗》最初是通过口头传播的，直到公元前7世纪才被写下。

当我们提到最早的"识字社会"时，要意识到其实当时能够阅读和书写的人寥寥无几。能读能写的人通常是受过专业训练的抄写员；即使是统治者，即文字的主要受益者，也非常有可能是个文盲。事实上，在整个古代世界和中世纪，识字的人只有一小部分。直到印刷术的出现，文字的优点才开始更广泛地传播开来。

法律的天平

法律最初是由家庭和社群的首领以禁忌或义务的形式强加于成员之上的规定，随着社会的发展，法律的内容也愈发复杂。作为一个正式的系统，法律与政府和文字的传播都有着紧密的联系。

关于对与错的概念究竟在多大程度上是与生俱来的、进化而来的还是后天在社会中习得的，至今仍没有定论。人们争论说，它们要么是作为宗教实践的一部分发展而来的，要么早于宗教的出现。但显然在第一批法律被写出时，它们在一定程度上是为了记录一个社会允许和不允许的事，且这是随着社会需求和价值观的变化而改变的。法律也是首领或政府想施加给臣民的那些价值观的集合，但随着时间的推移，它们也会变成对政府绝对权力的限制手段。比如，在古雅典，《德拉古宪法》或《德拉古法典》是针对公元前7世纪贵族对口头法律不公正且随意地修改而制定的。《大宪章》（1215年）则标志着英国历史上的一个平行时刻,因为它对王室的权力做出了限制。

无论是针对个人的、集体的还是国家的犯罪行为,不同的法典在量刑上都有所不同,这与报复性司法(法律规定违法者该如何被处罚)和恢复性司法(法律规定违法者如何弥补他们造成的伤害)之间的区别有关。许多早期的法典都有着强烈的报复性倾向。比如,巴比伦国王汉谟拉比制定的法典(可追溯到公元前1754年,是至今仍被研究的世界上最早的法典之一)规定"以眼还眼,以牙还牙",其措辞与《旧约》中摩西的律法非常相似。然而,它针对侵害财产的犯罪,也规定必须要赔偿,正如早期苏美尔的《乌尔纳姆法典》和犹太教的摩西五经一样。罗马的《十二铜表法》(公元前450年)规定,被定罪的盗贼要赔偿他们所盗物品价值的两倍。

法律并不只是处理犯罪和给予惩罚。它们还提供了解决争端的和平手段,而且(在那些承认私有制的社会中)还能够是记录财产所有权的一种手段。法律还包括有关规范合同和贸易行为的规则。

> "在理想的情况下,人类是所有动物中最高贵的;如若脱离了法律和正义,那么人类将会是最糟糕的动物。"
>
> 亚里士多德(Aristotle)《政治学》第一册(公元前4世纪)

不同的法典在保护公民的权利和规定应尽的义务之间,也有着不同的侧重点。比如,在一些社会中保护言论自由或宗教活动是法律的重要组成部分,而在另一些社会中,法律则有着宗教方面的限制或禁止某类公共言论的条目,比如对政府的批评,或被认作渎神的言论。一些法典规定了义务,如公民必须在军队中服役一定期限。许多法典还包括以道德和宗教理由来限制一些行为的条文,如同性恋在许多国家都曾是（且如今仍然是）违法的，这与这类行为是否是成年人之间自愿进行的无关。保护公民权利和规定公民义务之间的平衡也涉及有关政府本身合法性的争论。

这类争论仍在继续。现行的法律体系包括报复性和恢复性的元素，世界各国也在如何平衡权利和义务，以及在制定法律时的专制程度上各有千秋。

古代的帝国

当国家扩张并开始统治一些民族时，它们就可以被视作帝国。这类帝国首先会在世界上较为稳定的地区发展起来，主要是由于财富的增加为它们的增长提供了手段。

埃及、中东、印度北部和中国都是一些最古老帝国的所在地。它们由声称自己是神之代理人的统治者所领导。西亚的第一个帝国是在约公元前2300年由萨尔贡建立的，他统一了苏美尔（伊拉克南部）的城邦，并征服了美索不达米亚的邻近地区。随后出现了一个以乌尔城为基础的帝国，以及后来汉谟拉比（公元前1792—前1750年）统治的巴比伦帝国。在中国，商朝（公元前1600年）及其后来的周朝（公元前1046年）有着比其同时代的近东邻国更大的统治国土。公元前770年，周朝分裂成许多小的诸侯国，这种局面一直持续到公元前221年秦朝统一中国。

"一个通过战争建立起来的帝国，也必须通过战争维持下去。"

孟德斯鸠（Montesquieu）《罗马盛衰原因论》（1734年）

军事力量是帝国扩张的关键。例如，新亚述帝国（公元前911—前612年）能够征服美索不达米亚、安纳托利亚、黎凡特和埃及的大部分地区，部分是因为他们受过专业训练的士兵懂得如何使用铁制的武器。在公元前5世纪波斯帝国，以及公元前4世纪马其顿帝国的建立和扩张过程中，军事实力都起到了决定性作用，到公元前1世纪末时，罗马帝国的版图已经从不列颠延伸到了埃及和叙利亚。

虽然帝国的建立需要军事力量，但维持帝国的发展则是一个更复杂的问题，这有赖于征服、官僚机构、经济手段等一系列措施。最重要的是，帝国需要得到被征服地区的支持（这比现代世界更容易，因为当时不存在民族自决的概念，更不用说民主了），手段之一便是将被征服地区的人民纳入自己的帝国体系中。要实现这一目的，可以通过传播帝国的宗教，或者通过豁免以及收编当地的宗教来实现。在某些情况下，帝国可能会向一些当地居民提供公民权，以赢得他们的忠诚，罗马便是一个例子。

帝国的维持也需要仰仗资源的运输，这要通过保护贸易和征税来实现。强大的帝国能在一个缺乏安全和稳定的世界里提供保护和帮助，在某些情况下，这将为它们赢得短暂的群众支持。罗马人在征税、扣押奴隶和从帝国周边地区进口商品的同时，还认为他们肩负着一个"教化的使命"——这一概念最早由西塞罗（Cicero）等作家提出。在帝国范围内，各地的居民开始按照罗马风格建造城镇和道路，并在食品、穿衣和园艺方面也采用罗马的习俗；而帝国反过来也会招募当地的行政人员，且随着时间的推移，罗马人也会和当地人通婚（亚历山大大帝有着独有的巧妙办法来实现国家的稳定：他命令自己的将军们和当地的统治阶层结婚。在公元前324年的苏萨，他打败了波斯阿契美尼德王朝，并让手下的80名将军与波斯的公主成婚）。

印度的孔雀帝国（公元前321—前185年）是第一个征服了整个印度半岛的帝国，这也说明统治帝国将会是一个极大的挑战。在阿育王（公元前304—前232年）统治时期，据说帝国内有着当时世界上最大的城市（华氏城），而且帝国的军队有60万步兵和3万骑兵，以及9000头大象。然而帝国的运行也要依靠一个复杂的行政系统。每个省都由王室的一个成员统治，地方统治者只要筹集和缴纳税款就能继任下去，但其忠诚会不断地受到王室派来的代表和间谍网的审查。作为回报，帝国建设了公共设施，比如灌溉系统和道路；帝国还维持着司法系统，并支付清理林地和开垦耕地的费用（当经济的发展依赖于农业时，这就是项至关重要的任务）。贸易路线得到了改善，和贸易伙伴的良好关系也得到了维持。这一切的结果便是延长了和平和繁荣的时期，令对帝国保持忠诚的任务变得更加简单。

中国的组织水平则是达到了另一个更高的层次。秦朝时，帝国的行政管理是由一个庞大的公务员队伍构成的，他们首先由地方的官员推荐选出。随后的汉朝（公元前206—220年）完善了这一制度，并建立了一所学校，向公务员传授儒家的行政原则。他们在正式加入官僚机构前需要接受严格的测验，这是后来许多中国王朝运转的基石。

帝国的衰落

半个多世纪以来，罗马通过武力将其文明传播到了欧洲、北非和近东的大部分地区。那么，为什么强大的罗马帝国在公元5世纪时覆灭了呢？

罗马已经面临了长时间的压力。几个世纪以来,日耳曼部落一直在向帝国的边疆推进。他们反过来又受到从亚洲席卷而来的好战民族——匈奴人的重压。罗马帝国越来越依赖军队,这就导致许多将军接连称帝,其结果是政局的不稳和内战的爆发。保卫帝国的成本上升,导致了沉重的税收和通货膨胀。贸易和农业受到影响,饥荒和流行病进一步破坏了社会结构。4世纪时,罗马的权力中心转移到了东方的新首都君士坦丁堡(现在的伊斯坦布尔),罗马帝国本身则迷失在了自己的命运中。公元410年,西哥特人洗劫了罗马,而帝国在西方的最后一位皇帝则在公元476年倒台。

一些帝国则是以灾难性的速度崩溃的。马其顿的亚历山大大帝在公元前330年摧毁了波斯帝国。墨西哥的阿兹特克人和南美洲的印加人在16世纪初西班牙人到来后的两三年内,就被接连消灭了。

在大约5000年的时间里,中国历代的统治王朝在诸如内部斗争,农民起义,或外族入侵等各种原因的催化下而瓦解,然而以秦朝为始的每个新王朝都继承了其前代的疆域和国家权力的行政结构,因此中国在其历史上的大部分时间里都是一个大一统的帝国。与此形成鲜明对比的是印度的孔雀王朝,它在灭亡后并没留下如此完备的帝国机构。部分原因是由于中国采取了精英管理系统,即使在软弱或不得民心的皇帝治下,有能力的人也能帮助管理帝国;而公元前232年,在受人爱戴且具有魅力的阿育王去世后,孔雀王朝步入衰落,并在50年内走向了灭亡。

帝国衰落的原因往往与其面临的挑战有关,这威胁着世界上所有形式的帝国。维持当地人民的忠诚,保持军事力量,鼓励经济繁荣增长,构建强大且灵活的行政组织结构以统治偏远的领土,这些都是艰巨的挑战,如果不能实现其中任何一项,帝国都有可能走向解体或崩盘。

多神论和一神论

数万年来，人类可能一直在实践各种形式的宗教，但在公元前3000年和公元前2000年时，识字社会还未出现，我们对当时人们的信仰知之甚少。

不同的国家有着不同的神话和宇宙观，通常被用来解释和佐证统治者权力的来源。大多数早期宗教都是多神论（有多位神明）的，而且就像国家和家庭一样，神和女神之间也存在着等级划分。除了反映文化认同和权力结构外，这些构成了神谱的诸神也经常代表着自然界的元素力量和生死轮回。

比如，古埃及的太阳神和最高法官是拉（Ra），而法老作为"拉之子"，也就拥有了神圣的地位。法老也被看作是荷鲁斯，一位鹰头人身的神，是女神伊西斯和她的丈夫——死神、农业之神和掌管每年尼罗河泛滥以灌溉庄稼的神明欧西里斯的儿子。欧西里斯被他的兄弟——混乱之神、力量之神和风暴之神赛特所杀，但荷鲁斯反过来又战胜了赛特。所有这些关系都为法老的统治提供了基础，使其成为给自己的土地带来和平和繁荣的使者。

古希腊的十二位奥林匹斯神祇也同样反映了权力结构、人性品质和自然之力。比如，众神的统治者宙斯也是天空之神，而他经常背叛自己的妻子赫拉，一位主婚姻和生育的守护神。希腊人讲述了许多有关他们神明的故事，这些神有更多人类的弱点和愚蠢——欲望、傲慢、愤怒和嫉妒。罗马人也有他们自己与希腊众神相对应的神明，后来的罗马皇帝往往声称自己具有半神的身份。

约在公元前1500年，印度教在印度兴起。它也有自己的神谱，其中一些神是互相通婚的，另一些神则有许多不同的"化身"，即他们自身不同的显圣形象。印度教有三相神，代表了生命和死亡的循环：梵天是创世者，毗湿奴是守护者，而湿婆则是毁灭者。琐罗亚斯德教可能是在公元前1200年于伊朗兴起的，它将生命描绘成两位神明之间的斗争，一位是"智慧的天神"①，另一位是"敌对的恶灵"②。将某些品质、属性和力量赋予不同的神明，是人类试图了解自身状况的一种方式。

"我，耶和华，是你的神，是忌邪的神。"

《出埃及记》第二十章第五节

一神论（信仰单一的一位神）首次出现的时间是不明确的。犹太教、基督教和伊斯兰教都在强调善与恶之间的斗争，它们的一神论能够追溯到上帝和亚伯拉罕之间的盟约，据说发生在公元前2000年左右。然而，这个故事在大约1500年后才被书写下来，也可能只有在那时，耶和华才成为犹太人唯一的神，后来也成为基督徒的唯一真神。

---

① 指的应该是阿胡拉·玛兹达（Ahura Mazda），被奉为"唯一真正的造物主"，是光明、火和智慧之神。
② 指的应该是阿里曼（Ahriman 或 Angra Mainyu），是阿胡拉·玛兹达的一切反面，是一切邪魔的成就者。

创作者与史诗

许多早期文明都生产了大量的文学作品，通常以诗句的形式呈现，体现了他们对自身的看法。这些史诗通常会以一个或多个骁勇善战英雄的冒险故事为核心，并经常与创作者自身的民族神话和宗教信仰交织在一起。比如，印度教史诗《罗摩衍那》创作于大约公元前 1000 年，讲述了大神毗湿奴化身罗摩的人生、爱情与斗争的故事。

起初，最早的史诗是以口头方式传播的。最早被认定为荷马于公元前 8 世纪写成的《伊利亚特》体现了希腊源远流长的口述诗歌传统，它讲述了希腊人和特洛伊人之间可能发生在数百年前的战争。同样地，写于公元前 7 世纪的古代美索不达米亚史诗《吉尔伽美什史诗》则记录了流传下来的更古老的故事，包括大洪水的描述，这类天灾的记录也出现在了犹太教圣经和其他近东的神话传说里。盎格鲁-撒克逊史诗《贝奥武夫》的最早手稿可追溯到公元 10 世纪末，但诗歌内容本身可能是在大约 300 年前创作的，它讲述了一系列混合了虚构传说和历史事实的故事，背景在 5 世纪的斯堪的纳维亚和德国北部地区，盎格鲁-撒克逊人的祖先正是自那里迁徙到英国的。

史诗往往与其创作者的起源有关，其所表现的英雄和恶人身上都被赋予了理想的品质。《伊利亚特》就是一个好战社会的产物，其英雄阿基里斯被描绘成一台高效的杀戮机器。相比之下，贝奥武夫虽然也是一名战士，而且在诗歌所处的时代，他理论上还是一名异教徒，但这位英雄其实是一个更加细腻的人物，并被赋予了一系列基督教的美德，以适应诗歌读者的价值观。

　　尽管早期的史诗始于口头传播，并一步步扩展其文化涵义，但一些后来的史诗确是由人创作的，体现了创作者的高自觉度以及对一个民族或文化的文学性赞扬。早期的例子中最突出的就是罗马诗人维吉尔（Virgil）的《埃涅阿斯纪》，他实际上也是罗马第一位皇帝奥古斯都的官方诗人。维吉尔以《伊利亚特》的故事为原型，将特洛伊王子埃涅阿斯作为他的英雄主人公。埃涅阿斯在希腊人将特洛伊城烧为灰烬时逃出，历经了艰险的旅行和多次战斗，最终成为

古代印度史诗《罗摩衍那》的主人公、印度教神明罗摩盯上了化身为金鹿的恶魔摩哩遮

罗马人的祖先。通过将民族追溯到众神和英雄的时代，维吉尔赋予了罗马以及奥古斯都以尊严与合法性。

"这是战争的故事和一个人的故事。"

维吉尔《埃涅阿斯纪》（公元前 19 年）开场白

书写历史

我们现在所认为的历史——对过去的学术研究——仅仅是源于长久以来人们互相讲述的祖先神话和起源传说。第一批关于过去的文字往往只罗列了国王的名字，追溯当前统治者的血统，并针对现状给予具备神性的认可。

诸如荷马的《伊利亚特》等早期史诗可能包含了遥远历史事件的微弱回响，但这些文字的目的是让听众陶醉和感动，而不是去解释历史事件，或者对过去提供一个中肯的观点。这种宏大的英雄史诗反映并赞颂其所属社会的价值观。历史始于基础神话，即关乎民族、朝代和宗教的神话。宗教发挥了极其关键的作用。即使到了今天，历史学家也会在某种程度上不自觉地反映出他们自己社会的价值观和权重，尽管他们通常会努力争取中肯性和客观性。

第一个做出这类尝试的是希罗多德，一个生活在公元前 485 到公元前 425 年间的希腊人。在记录发生在公元前 5 世纪初的希波战争时，他走遍了希腊，寻找那些真正参与过战争的人。他明确指出，他不能一直保证"事实"的真实性——他只是在报告与他产生联系的事件。他将历史定义为能被真正发现的东西，而不仅仅是关于过去的故事。希罗多德极具批判性地将他的原始材料系统性地整合到一起,然后将它们组成一套连贯且公平的叙事。

"我写作的目的是希望以此来保存人们对所做之事的记忆,使之不至于腐朽。"

希罗多德《历史》

和他同时代但更年轻的修昔底德(Thucydides,约公元前460—前400年)在书写雅典和斯巴达之间的伯罗奔尼撒战争时,也持有一样的态度,一视同仁且强调证据。但许多后来的古典历史学家很显然是有目的性的。在罗马帝国取代共和国的时期,罗马历史学家李维(Livy)为罗马共和国(部分虚构的)"黄金时代"的美德做政治宣传。一个世纪后,他的同胞塔西佗(Tacitus)强调了颠覆共和国的罗马皇帝们究竟有哪些败绩和恶行。

这些作者都体现了历史被当作当下行动范本来源的概念,这一观点在普鲁塔克(Plutarch,约公元46—120年)的作品中非常明确,他是一名希腊传记作家,后来获得了罗马公民身份。在他的《希腊罗马名人传》中,他比较了一系列著名的希腊人和罗马人,指出了他们共有的道德缺陷和美德。普鲁塔克认为,领导者的性格决定了普罗大众的命运。

不只是在欧洲,这种"伟人"历史在中国和伊斯兰世界都普遍存在了数个世纪,并在历史学家中引发了许多争论。比如,在19世纪反对托马斯·卡莱尔(Thomas Carlyle)(其研究方法侧重于历史上的"英雄")的观点时,赫伯特·斯宾塞(Herbert Spencer)认为伟大领导人只是他们所属社会的产物。支持他观点的人则相信历史应该关注历史事件的普遍原因,并试图发现深层次的政治、经济、社会和文化的模式与趋势。

对现实本质的思考

大约两千五百年前，思想史上发生了一件举世瞩目的事。在世界的各个角落，一些人开始提出一个基本的问题：什么是真实？

几十万年来，人类一直忙于生存，根本无暇顾及这类问题。对他们来说，什么是"真实"是毋庸置疑的：食物、住所、繁殖，以及生存的基本需求。宗教已经存在了很长时间，但总的来说，神明和精神世界与人们的日常生活依然是密不可分的，这两个领域相互交织、互相影响。

在公元前800年左右的印度，轮回或转生的概念——所有生物都遵守着一个出生、死亡和重生的生命循环——在印度教中出现。只有那些从对世俗之物的欲望中解放出来的人，才能从物质世界无尽的痛苦轮回中解脱出来，最终实现与神性的结合。轮回与一神教的观点形成了鲜明的对比，在一神教中，每个人只有一次生命，也只能经历一次死亡，那之后便是永久的死后生活。

轮回成为印度王子乔达摩[①]教义的关键，他在公元前500年左右发展了自己的思想。在印度教中，只有当个人认识到物质世界的虚幻本质，并从自身无论是物质的、个人的还是精神欢愉的欲望中解放出来，才能获得开悟。

[①] 即佛陀释迦牟尼开悟前的身份与名字。

希腊哲学家柏拉图也坚持认为物质世界是虚幻的。他认为，终极的真实是由许多"形式"或"理念"组成的，个别的物质表现仅仅是它们的拙劣复制品。自然的事物和美德具有最完美的形式。在一个著名的寓言中，柏拉图描述了一批被锁在山洞里的囚犯，他们只能看到面前的山壁。在这面墙上，囚犯们能看到火堆映射下各种物品投下的影子，从而认为这些影子是真实的。柏拉图说，我们人类就像这些把影子当作真实存在的囚犯一样。

后来的哲学家们发展了柏拉图的思想，认为现实并不独立于心智而存在，这一立场被称为唯心主义。其他哲学家——包括古希腊和后来的哲学家——则持有非常不同的观念：唯物主义。唯物主义者认为，物质是唯一的现实，而心智、理念、情感等都是从物质的运作中产生的。一个早期的例子就是希腊哲学家德谟克利特（Democritus，约公元前460—前370年）提出的原子理论。

西方哲学的第三个分支是二元论，支持者认为心灵和物质都是真实的，但有着不同的种类。公元前4世纪，中国的道教提出了一种非常不同的二元论。道教认为，终极的真实是"道"。道是天地万物的基础，也是万物运行变化的法则。它结合了相互对立的概念：静与动、善与恶，以及明与暗。道无形，深不可测且无法描述，但却是一切事物的法则。

变化和运动

困扰一些古希腊哲学家的一个问题是，事物的运动变化究竟是真实的还是虚幻的。一些人认为，现实是单一不变的，而另一些人则坚持认为现实不可能是固定不变的，它总是处于一种变化的状态。

对美好生活的构想

　　大约在哲学家和宗教思想家们开始质疑现实的本质时，他们中的一些人也开始思考人们该如何生活。告诉人们遵守法律并面对后果是一回事，而思考美好生活究竟由什么构成则是另一回事。

　　一些宗教，诸如犹太教以及在某种程度上是其分支的基督教，对这个问题有着法律和道德层面的思考。圣书规定了一些法则，如若违反它们，你将在这个世界上受到惩罚；如果不是在这个世界，也将会在下一世受罚。叙述这一法则的核心文本是《十诫》，据圣经《旧约》中的《出埃及记》所说，上帝将它传给了摩西。根据这些教义，美好的生活主要包括不犯下罪行，对上帝的奉献也需要遵循某些仪式。

　　早期的印度教也采取了类似的方法：只要正确履行宗教仪式，死后就能与神灵同住。然而，在有了轮回转世的概念后，个人不能只依靠仪式了，而是被教导也要摆脱尘世的欲望，从而从生、死与重生的永恒轮回中解脱出来。基于这一思想，佛陀进一步教导人们，执着和欲望只会带来痛苦。比如，如果你人生的目标就只是获得金钱，或者那些用金钱能买到的物品，你将永远都不会满足；人生目标是爱情或快乐也是同理。

　　佛陀敦促他的弟子在物质上的自我放纵和极端禁欲主义之间遵循"中庸之道"。这种"黄金分割律"①是贯穿于诸多有关美好生活

---

① Golden mean，也有中庸之道的含义。

究竟是什么之思考的共同线索。中国圣人孔子（或孔夫子，公元前551—前479年）建议要践行这种平衡。他教导说，为了获得幸福，人们必须要遵循"天意"，培养五种道德品质：对国家的忠诚，对家人的爱，对他人的尊重，对陌生人的仁善，和与朋友之间的有来有往。儒家思想强调家庭和国家的稳定，为华夏帝国数千年的统治提供了意识形态方面的基石。

"己所不欲，勿施于人。"

> 孔子。这是后来被称为"中庸之道"的行为准则的早期表述，也是耶稣在路加福音第6章第31节中阐述的内容

中庸之道敦促人们在一切事物上都要适度。在古希腊哲学家中，苏格拉底（据柏拉图所说）将这一法则应用于教育，建议在体育和音乐之间要有平衡，因为他认为练习体育会加强人性格中的刚硬，而学习音乐则会让人变得柔软。柏拉图的学生亚里士多德将美德定义为用理性来确定"两种恶之间的平均值，一种是过度的恶，一种是过少的恶"。亚里士多德举了一个例子：勇气作为一种美德，介于鲁莽（勇气过剩）和懦弱（勇气不足）之间。

柏拉图写道，道德上的目标是"成为神"。亚里士多德相信幸福是最大的善，源于实践好的生活。其他希腊哲学家认同幸福为大善的说法，因此是人生的主要目标。有些人将幸福与快乐联系在一起，但坚持认为理性和自我控制是实现最大快乐的关键。另一些人将快乐定义为精神和肉体双重层面的免于痛苦，并认为要达到这一境界的最好方式是平静地摒除欲望。

对大部分这类思想家来说，个人层面的美好生活也与社会和政

治领域息息相关，激情的节制以及平衡相互冲突的利益关系，对于实现和谐来说至关重要。

科学的开端

人类长期以来一直在寻求对物质世界的解释。起初，神话和宗教在这一问题上有着核心作用，几乎所有的文化都有自己的起源神话，讲述世界和第一批人类是如何出现的；其他的一些神话则会解释各种自然现象。

许多文化都会对诸如二分二至和月球周期等天文现象有系统的观察，而这有着更加实际的目的：它们与季节的变化有关，这对猎人和农民都至关重要。一个突出的例子是位于爱尔兰纽格兰奇的一座新石器时代的大型坟冢，大约建于公元前 3200 年，其内室只有在冬至时才会被太阳照亮。为了建造这样一种能够精确标志年份流逝的结构，精确的测量和仔细的观察是不可或缺的——而这正是现在我们概念中科学的两大标志。

大约在同一时期，苏美尔人制定了基本的阴历，而在公元前 2500 年时埃及人开始使用阳历——这对于预测尼罗河每年的定期泛滥至关重要。苏美尔人引进了六进制数字系统（使用基数 60，因为 60 有 12 个因子；而我们的数字系统使用的基数是 10，只有四个因子，即 1、2、5 和 10）。巴比伦人紧随其后，建立了以小时为单位的时间系统，并将其校准为 60 分钟，这意味着它可以均匀地划分为 60、30、20、15、12、10、6、5、4、3、2 或 1 分钟的时间长度。巴比伦人是杰出的天文学家，在公元前 1500 年时，他们用数学方法来绘制恒星和行星的位置，并会预测日食。古埃及人进一步发展了数学，并从土地测量的实践当中发展出了一些抽象的几何原理。

但是在古代世界，奠定了我们现代科学基础的首先是古希腊人。不仅在探索现实的本质和美好生活的内涵上有所建树，希腊的哲学家在探索物质世界的事实方面也取得了重大的突破。他们摒弃了用神话来解释现实的思路，并试图找到一个单一的基本原则。

对公元前 6 世纪的毕达哥拉斯（Pythagoras）及其追随者来说，这一原则就是数字。他们确定了地球是球形的，并认识到音乐中的和声是基于数字比例而组合的。在接下来的一个世纪里，德谟克利特提出了一个理论，认为万物由不可分割的微小粒子组成，并称之为原子，而恩培多克勒（Empedocles）则提出物质由四种元素组成：土、水、气和火。公元前 4 世纪，亚里士多德采纳了四元素的概念，他着手观察并记录了大量自然、生物和非生物现象，并从这些发现中推导出了更加普适的一般真理——这就是科学研究方法的基础。

在大约公元前 300 年，欧几里得（Euclid）提出了几何学的原则，后来阿基米德（Archimedes）开创了力学和流体力学。公元前 2 世纪，萨摩斯的阿里斯塔克斯（Aristarchus）证明了地球是沿着自己的中轴线自转并围绕着太阳公转的，而成为埃及亚历山德里亚图书馆馆长的希腊天文学家埃拉托色尼（Eratosthenes）则以惊人的精确度计算出了地球的周长。亚历山德里亚当时不只是罗马帝国的一部分，也是一个大型的知识中心，托勒密（Ptolemy，约公元 90—168 年）起草了一份世界地名录，其中就包括了各种地理坐标的估值。

"缤纷的色彩、美妙的甘甜和艰深的苦涩，这些都是理所当然的事物;但事实上,存在的都是原子和空间。"

德谟克利特,片段 125

罗马人对希腊科学遗产的补充相对较少,且在罗马帝国覆灭之后,希腊科学在欧洲基本消失了。然而,在从西方的科尔多瓦到东方的德里之间的知识中心里,穆斯林学者继续保持着科学的生命力,还做出了许多创新。他们在数学中采用了印度的进位制思想,包括零的概念。这就是我们今天所用的"阿拉伯"数字系统的起源——比起希腊或罗马人使用的数字系统,它更利于进行复杂的计算。然而,直到 17 世纪,随着所谓的科学革命的开展,现代科学才真正开始。

传染病的侵袭

人类在城市中密集生活的后果之一便是传染病更容易侵袭一群人,并在他们之间迅速传播。长途贸易的扩张意味着疾病也能从世界的一个角落传播到另一个角落,而这一趋势会随着时间的推移而加快,尤其是在客运航空出现之后。

对于一些人来说,某些疾病属于地方病。社会往往会适应它们——这些病会成为日常生活和死亡的一部分。但有时某种疾病会爆发成流行病(epidemic),如果再得到了更广泛的传播,跨越边境和大陆,它就会进化成大流行病(pandemic)。这类事件会对人类历史的进程产生巨大的影响。

古代、中世纪或现代早期资料中有许多对疾病的描述,而医学史学家们不会喜欢对它们进行大而化之的回顾性诊断。"瘟疫"这个词一直是许多不同致命流行病的统称,例如《旧约》中提到的瘟疫,和公元前430—前427年的雅典瘟疫。第一个瘟疫可能是鼠疫(由耶尔森氏菌病毒引起,通过老鼠和跳蚤传播,症状为横痃,即在腋下和腹股沟处发生的黑色肿胀[①]),为公元541—544年的查士丁尼瘟疫。这场流行病在地中海一带蔓延,可能造成了该地区四分之一人口的死亡。它正好发生在旧罗马帝国有可能完全恢复元气的时期。尽管西罗马帝国在公元5世纪时已经被日耳曼部落占领了,但东部的罗马皇帝查士丁尼已经雄心勃勃地开始了一场夺回国土的运动;然而,瘟疫造成的混乱和损失打破了帝国再次统一的一切幻想。

14世纪从亚洲蔓延开来的黑死病杀死了当时欧洲大约三分之一的人口,它可能是混合了鼠疫、肺炎和败血症的传染病。黑死病是欧洲社会、经济和知识史上的转折点。由于农业劳动力的大量死亡,幸存下来的人能要求得到更高的酬劳,地主们驳回了这一要求,这激起了农民的反抗。许多人认为黑死病是上帝对他的子民和教会不满意的标志,因此不同的社群开始不断地质疑教皇的权威,这预示着16世纪英国宗教改革的发生。

"我们亲爱的朋友现在何方?我们挚爱的面庞现在何方?……是怎样的暴风雨将他们淹没?又是怎样的深渊将他们吞噬?以前的我们其乐融融,而现在的我们形单影只。"

14世纪的意大利诗人彼特拉克(Petrarch)表达了黑死病幸存者的孤独

黑死病通过热那亚商人的船只,从黑海传播到了欧洲全境。在

[①]即淋巴结肿胀发炎。

16世纪，欧洲的"发现之旅"打开了新世界，也造成了类似的破坏。

到20世纪初，我们对病因的理解也经历了大的革命，但这并不能阻止新的人流行病的发生。虽然流感的爆发已经存在了几个世纪，但1918到1919年席卷全球的流感菌株——所谓的"西班牙流感"——造成了前所未有的破坏。死亡人数的估值从5000万到1亿不等，比整个第一次世界大战的死亡人数还多。与其他流感的爆发不同，大多数患者的年龄在二十到四十岁之间，这对人口造成了最大化的影响。一些科学家认为，人类经历另一次这样的大流行病只是时间问题。

转型中的欧洲

在最后一位西罗马帝国皇帝于公元476年倒台后，罗马帝国的权力以拜占庭帝国的形式在希腊、巴尔干半岛和安纳托利亚（土耳其的亚洲部分）得以存续，面对一系列外来侵略者，它不断地丧失国土，最终在1453年被奥斯曼土耳其人灭亡。

那么在西欧留下的权力真空又如何了呢？在公元5世纪初，日耳曼部落占领了罗马大部分地区，并在罗马帝国灭亡后建立了一个个拼凑起来的王国。西班牙的西哥特人，北非的汪达尔人，意大利的东哥特人，高卢（法国）和德国西部的法兰克人，以及英格兰的盎格鲁人、撒克逊人和朱特人。

尽管罗马人将这些民族视为"野蛮人"，但后者很快就像他们一样成为基督教徒。虽然不存在世俗的中央政权，但西方教会在罗马教皇的领导下实现了统一。通过不断的征服，法兰克国王查理曼大帝在8世纪末成功统一了法国、意大利和德国的大部分地区,并在公元800年圣诞节那天让教皇给自己加冕,成了"西方的皇帝"。

然而查理曼大帝的帝国是短命的,在他死后的几十年内就迅速瓦解了,而权力则转移到了一批地方贵族的手里。西欧再次被笼罩在一系列新入侵者的阴影下。在东方,来自大草原的马扎尔人向中欧挺进,直到955年德国统治者奥托大帝在莱西菲尔德战役中取得了决定性胜利,阻止了他们的攻势。此后,马扎尔人在匈牙利建立了自己的王国。

> **自北方而来的人**
>
> 从9世纪开始,来自斯堪的纳维亚半岛的许多航海民族被称为维京人或诺斯人,他们在东部的俄罗斯和西部的不列颠群岛间展开贸易、洗劫城镇并建立自己的王国。他们在冰岛和格陵兰岛建立了殖民地,甚至到达了北美洲。有一群人在诺曼底定居并采用了法国文化。诺曼人(名字来源于诺斯人)不仅征服了英格兰,而且还征服了意大利南部和西西里岛。

然而,南欧地区所经历的最大影响来自于另一个方向:阿拉伯半岛。在7世纪早期,阿拉伯先知穆罕默德创立了一种新的宗教,伊斯兰教。到632年去世时,他已经统一了整个阿拉伯半岛。他敦促自己的信徒将伊斯兰教传到更远的地方,在随后的几十年里,阿拉伯军队夺取了拜占庭在北非、叙利亚和巴勒斯坦的领土。到9世纪中叶时,阿拉伯帝国从东部的印度边境,一直延伸到西部的伊比利亚半岛(西班牙和葡萄牙)。伊斯兰教的传播不仅仅是靠其信徒和军事能力,拜占庭和波斯帝国的一些人已经厌倦了他们遭受到的来自统治者的宗教迫害，而许多穆斯林领袖则表现出了更大的宽容。中世纪的伊斯兰世界也产生了许多哲学家、医生、数学家和科学家，他们在古希腊人的基础上实现了更宏大的成就。

土地、劳动力和权力

从定居农业社会的初期起，对土地的控制就是世界上许多地区经济、社会和政治的一个重要特征。各地土地控制权的法律和行政基础各有不同，但最终还是由武力来实现的。

我们现在口中的封建主义制度统治着公元9到15世纪的中世纪西欧。大贵族们被授予对其名下土地的控制权，相应地也要向国王提供军事服务。那些等级较低的人，如骑士，则通过向大贵族提供军事服务以换取对自身领土的所有权。农民只在小块耕地上劳作而不拥有土地的所有权，并通过这种劳动换取在领主土地上工作的机会。这就是农奴制。随着应得的报酬从劳动或军事服务转变为金钱，这一制度也就逐渐瓦解了，尽管它在俄罗斯等欧洲部分地区一直延续到了19世纪。

世界上其他社会也有类似的制度。对土地的控制意味着对社会的控制，是财富不平等分配的核心。这种控制的具体形式取决于具体的环境因素和劳动力的可用性。在如非洲和东欧等劳动力相对短缺的地方，和中国、印度、日本和西欧等劳动力比较充裕的地方，等级制度和控制力度上都有着非常强烈的差距。劳动力短缺时，强调对劳动力的控制；劳动力充裕时，会强调对土地的控制。劳动力短缺可能会导致更严格的控制，但也可能会产生重新谈判劳动关系的可能性，使农民获得更多的权力。西欧在经历了 14 世纪的黑死病后，出现了劳动力短缺，这在一定程度上使得农民能够要求以金钱的形式支付报酬，并帮助摧毁旧的封建制度。

社会上最贫穷的人所欠下的劳动类服务在世界各地都不尽相同，这取决于那一社会的经济类型。最突出的是放牧（畜牧业）和耕作（种植业）这两个系统之间的差别。放牧系统的工作制度不太严格，部分是因为在开发领地和土地上具有更大的灵活性；耕作制度则在东亚发挥了关键作用。而在北美，不同的部落有不同的生活方式。那些纯粹的狩猎采集部落没有针对特定土地所有权的概念，而那些定居在农业社群的人则与特定的土地有着更长久的联系。

在 18 世纪该体系崩溃之前，在遥远的苏格兰高地和岛屿地区，氏族也是部落性质的，而且在名义上是以家庭小团体为基础的，尽管它们起源于一个相对混乱的时期，那时的地方军阀为各个家庭提供保护以换取他们的忠诚。部落体系往往容易依赖成员间的归属感和持续的忠诚度，而在封建体系中这种血缘关系大多是不存在的。

奴隶制度也是如此，外来者（通常在战争中被俘，或在特殊市场上被交易而来）可能会被强迫为某个特定的主人工作。奴隶很少有或根本没有权利，他们也没有财产，被看作是其主人的财产，他们的后代也是如此。这是一种非常极端的劳动力控制，且奴隶主在这一系统中不需要履行任何义务。奴隶制在古代世界（如埃及、希腊、罗马和中国）、伊斯兰世界和哥伦布到达前的墨西哥与南美洲文明中都广泛存在着。

撇开农奴制不谈，欧洲的奴隶制在 11 世纪或 12 世纪之前就已经基本消亡了。然而，自 16 世纪起欧洲人开始在美洲定居，他们建立了大面积的种植园来种诸如糖、烟草和棉花等作物。为了种植园的正常运行，他们从非洲进口了数以百万计的奴隶，并以令人咋舌的糟糕条件将他们从大西洋另一端运来。许多欧洲人从奴隶贸易和奴隶种植园中获得了大量的财富，他们的利润为启动工业革命提供了资本。

> **奴隶制的终结？**
>
> 到了18世纪，欧洲和北美的一些人才开始了反对奴隶制的运动，这部分是因为受到了其宗教信仰的启迪。这一制度逐渐在美国北部各州逐渐废除，到1807年，大不列颠宣布其帝国进行的奴隶贸易是非法行为，并在1833年明确了奴隶制本身的非法性。然而在整个美国，直到1865年，在有奴隶制的南方和没有奴隶制的北方之间的南北战争结束后，奴隶制才最终被彻底废除。它在其他一些地区持续的时间则更长，尽管今天奴隶制在所有国家都属于犯罪行为，但它仍然在阴影中存在着：跨越边境的人口贩卖，被迫成为性工作者、家庭佣人或者农业劳力，仍然是一种全球性的犯罪活动。

文明的冲突

两个颇有抱负的世界性宗教——基督教和伊斯兰教——在几百年内相继出现，并带来了持续数个世纪的冲突，许多人物从善与恶、光明与黑暗的角度来看待这些冲突。然而，这真的是一场意识形态斗争，还是更加简单的争夺权力和物质财富、并将宗教作为道德借口的行为呢？

拜占庭帝国是基督教世界中第一个面对伊斯兰军事影响的地区。在 7 世纪 30 年代到 40 年代穆罕默德去世不久时，阿拉伯人就占领了拜占庭在埃及、北非、巴勒斯坦和叙利亚的国土。在后来的 11 世纪，新的压力来自于东部的穆斯林，塞尔柱土耳其人，他们在 1071 年的曼齐刻尔特战役中摧毁了拜占庭的军队，并征服了安纳托利亚。

在曼齐刻尔特战役后，拜占庭皇帝向西欧的基督徒发出了求助信息。教皇乌尔班二世将这视为罗马教会宣扬东正教卓越性和正统地位的机会。1095 年，他在法国的克莱蒙特举行了一次影响深远的布道，提到了穆斯林对前往圣地的基督徒朝圣者的屠杀，并呼吁西欧的贵族们将圣地从穆斯林的控制中解放出来。

参与了第一次十字军东征的人大多数都是诺曼和法国的贵族，热衷于夺取土地、劫掠战利品并在天堂为自己赢得一席之地。1099 年，十字军占领了耶路撒冷，屠杀了许多主要由穆斯林和犹太人组成的

马背上的成吉思汗像，蒙古

当地居民，并建立起了一个十字军王国。随着各派别开始对圣地控制权的争夺，随后的多次十字军东征也带来了数不清的血腥事件。

13世纪时，穆斯林重新获得了对圣地的控制权，但他们也面临着一个新的巨大威胁，这次是来自东方的。在13世纪初，成吉思汗在亚洲的另一端成功地联合了蒙古的所有部落。在他的领导下，这些马背上的战士在征服了中国北部后，将目光投向了西方。成吉思汗死后，他的继承人继续扩张，进入了俄罗斯和近东地区。1258年，他们占领了巴格达并杀死了那里的哈里发。但在两年后，蒙古人被埃及的马穆鲁克人打败，他们对近东地区穆斯林统治的威胁宣告结束。

蒙古人在中国取得了更长久的成功，成吉思汗的孙子忽必烈推翻了宋朝的统治者，并自立为帝。然而，忽必烈没有破坏中国原有的文化和社会结构，而是采用了中国的传统，中国的文明得以延续。

"从现在开始直到末日，这个世界可能都不会再次经历这种事。"
伊本·艾西尔（Ibn al-Athir）在《历史大全》（13世纪初）中如此描述成吉思汗在中东掀起的战争

等到了14世纪，就轮到欧洲的基督教面临生存的威胁了，这次压力来自于奥斯曼土耳其人。到1402年，奥斯曼人已经占领了巴尔干半岛的大部分地区，并在1453年占领了君士坦丁堡，即当时已不复存在的拜占庭帝国最后的主要据点。在接下来的一个世纪里，他们不仅征服了北非、阿拉伯半岛和近东地区阿拉伯人的领土，还占领了匈牙利，并在1529年兵临身为欧洲大国首都之一的维也纳城下。他们没能攻下这座城市，而这标志着奥斯曼帝国向中欧扩张的结束。

印度洋

大西洋

→ 阿拉伯人（7世纪起）
→ 维京人（9世纪起）
→ 土耳其人（11世纪起）
→ 蒙古人（13世纪起）

扩张与征服

在1571年发生在希腊附近的勒班陀战役中，他们的舰队反过来被神圣联盟（南欧天主教国家的联盟）击败，土耳其将其权力扩张到地中海西部的野心就此告终。1683年，奥斯曼人再次攻打维也纳并战败；这次轮到欧洲基督徒发动攻势了，而穆斯林的力量则开始了缓慢的衰落。

[第五部分]
西方崛起

　　五百年前，欧洲还是个落后的地方。罗马灭亡后的一千年以来，欧洲大陆就像拼图般分裂成了一个个小国，彼此之间战事不断。真正的强国——致力于知识求索，技术革新和贸易开拓上的强国——则是其他地区的中国、印度和伊斯兰世界。而在大西洋彼岸的美洲大地上，正蓬勃发展着欧洲人无法想象的灿烂文明。但从1450年以后，这种平衡有了变化，欧洲开始在世界舞台上崭露头角。

时间线

1453 年：奥斯曼土耳其人占领了君士坦丁堡。

1455 年：约翰内斯·古腾堡（Johannes Gutenberg）印刷了他的第一本书。

1492 年：哥伦布到达西印度群岛。西班牙的最后一个穆斯林据点被基督徒夺回。

1498 年：葡萄牙航海家瓦斯科·达·迦马（Vasco da Gama）经由非洲南端航行至印度。

1517 年：马丁·路德（Martin Luther）开始了宗教改革。

1519—1522 年：麦哲伦（Magellan）和埃尔卡诺（Del Cano）首次环游世界。

1526 年：莫卧儿开始征服印度。

1532—1535 年：西班牙征服了印加帝国。

1543 年：哥白尼发表了他的日心说。

1571 年：神圣同盟赢得了勒班陀战役，终止了奥斯曼帝国在地中海地区的扩张。

1607 年：英国人开始在弗吉尼亚州永久定居。

1644 年：清军入关，清王朝统治中国。

1648 年：三十年战争（1618—1648）的结束，确立了欧洲新教和天主教之间的边界。

1652 年：荷兰人在非洲南部建立开普殖民地。

1683 年：土耳其人未能攻下维也纳。

1687 年：牛顿发表了他的万有引力定律和三大运动定律。

1763 年：七年战争结束，英国在印度和北美洲取得了主导地位。

1776 年：美国宣布脱离英国并独立。亚当·斯密（Adam Smith）的《国富论》出版。

1783 年：载人热气球第一次成功飞行。

1785 年：蒸汽动力首次应用在棉纺厂中。

1788 年：英国在澳大利亚的第一个定居点建立。

1789 年：法国大革命开始。

1792—1815 年：法国大革命和拿破仑战争时期。

1803 年：美国从法国购买了大片北美洲的土地。

1808—1826 年：西班牙失去了其在美洲的大部分殖民地。

1825 年：第一条蒸汽客运铁路建成，从英国的斯托克顿一直延伸到达灵顿。

1830 年：希腊从奥斯曼土耳其独立。

1833 年：大英帝国废除了奴隶制。

1844 年：莫尔斯电报机的首次使用。

1848 年：马克思和恩格斯发表《共产党宣言》。

1848—1849 年：欧洲的许多革命以失败告终。

1853 年：美国舰队迫使日本向西方开放贸易市场。

1857 年：印度人起义，反对英国的统治。

1859 年：达尔文出版了《物种起源》。

1861 年：意大利统一的完成。

1861—1865 年：美国南北战争时期。

1868 年：日本开始了高速现代化的进程。

1869年：美国第一条横贯陆地的铁路线完工。苏伊士运河开通。

1871年：德国实现了彻底的统一。

1876年：电话的发明。

1884年：柏林会议上，欧洲大国瓜分了非洲。

1895年：马可尼（Marconi）发明了无线电报。

1903年：首个重于空气的飞行器的发明。

文艺复兴与改革

14 至 16 世纪，欧洲经历了一场文化层面的革命。在哲学和艺术方面，文艺复兴时期的人们对基督教之前古典思想家、艺术家和作家的成就重新产生了兴趣；在宗教方面，宗教改革质疑了罗马天主教会的权威，并明确了教会唯一的关怀是献给众生之灵魂的。

几个世纪以来，在基督教统治的西方世界里，学习是一件被局限在修道院里的事，且主要关注的是神学问题。大多数知识分子的研究都围绕着宗教教义，而绘画和建筑也主要为教会服务，因为他们是最有实力的赞助者之一。

古希腊的科学家和天文学家们的著作早已失传，到了 12 世纪，克雷莫纳的杰拉德（Gerard of Cremona）开始将希腊文本的阿拉伯语译本翻译成拉丁语。随后，托马斯·阿奎那（Thomas Aquinas）等作家试图将亚里士多德哲学融入基督教神学——这仍然被认为是人类智慧成就的顶峰。

14 世纪以来，一群意大利学者在诗人彼特拉克的启发下，提出了一个基于古典文学的新教育大纲，并将其称为"人文研究"（studia humanitatis）。这个教学大纲由五个关键科目组成：修辞学、诗歌、语法、历史和道德哲学。尽管人文主义者（人们如此称呼这些学者）并没有拒绝基督教的教义，但神学并没有参与其中。他们反而改换了重点，从原先辩论一个人应该如何为上帝服务，转移到研究一个品德高尚的人应有的行为上。

> "在黑暗被驱散之后,我们的子孙将能够走回到过去纯洁的荣光中。"
>
> 14世纪的意大利诗人彼特拉克如此回顾了古典世界的辉煌。正是他创造了"黑暗时代"这一令人误解的术语,以指代罗马灭亡和文艺复兴之间数个世纪的时期

将人类而非上帝置于舞台的中心,这一理念在视觉艺术中得到了回应。现在,富有的世俗赞助人希望建筑师为他们建造宫殿,并在宫殿里摆放基于古典神话而非圣经场景的雕塑和绘画。然而,一些最宏伟的文艺复兴艺术仍表达着宗教题材。罗马天主教会仍然是艺术界的最大赞助者之一——从罗马的圣彼得教堂和米开朗琪罗(Michelangelo)为西斯廷教堂所绘的壁画就能体会到。教会非常富有,它们有着大片土地,能从中获取大量收入。它还通过向罪人出售赎罪券来赚取金钱,这一行为被称为买卖圣职罪(simony)。

一些基督教徒认为教皇和庞大的教会等级制度已经过度世俗化,并呼吁恢复早期教会的淳朴。他们尤其谴责出售赎罪券这一做法。1517年,德国僧侣马丁·路德将他对买卖赎罪券的批判钉在了威腾堡城堡教堂的门上,这是第一次成功反抗教会权威的关键一步,这就是宗教改革运动。

路德和他的追随者们抨击的不只是教会的腐败。他们认为,牧师和教会等级制度是个人与上帝之间的调解人这一说法是错误的。在当时,《圣经》只有拉丁文版本,教会声称它们拥有向人民解释《圣经》的唯一权力。路德派坚持认为,圣经应该被翻译成通俗的白话文,这样每个人都可以了解并读懂上帝的教导。他们否认任何神职的特殊地位,认为每个人都应该自己站出来,与上帝面对面。

教会采取了行动，镇压了宗教改革，但改革派在欧洲的王公贵族中也有自己的支持者，其中一些人雄心勃勃地想要控制当地教会及其财富。因此，宗教与权力政治混杂到了一起。漫长的战争纷至沓来，欧洲陷入了长达一个多世纪的流血冲突中。

通往宽容的漫漫长路

宗教偏执[①]几乎和宗教本身一样古老。当信仰被表述为善与恶的角力时，它可能就携带上了一层绝对公义性，使人坚信任何持有不同信仰的人都是该被诅咒且该被杀死的。

对持不同意见者的迫害，最有可能发生在宗教已经制度化的地方。每当这种情况发生时，迫害就和捍卫教义一样，都是为权力服务的手段。在大多数情况下，制度化的宗教已经与国家权力结盟了（甚至会被国家权力控制）。罗马皇帝的头衔之一就是"大祭司"（pontifex maximus）。罗马人对一系列的宗教都持宽容态度，许多人甚至加入了密特拉教等密教。但罗马政府认为早期基督徒是一种威胁：他们吸纳了那些被剥夺了财产的人，并煽动性地谈论要在这个世界上建立起基督的国度。迫害随之而来，一直持续到罗马皇帝决定主动采纳基督教。而此时，教会成为了国家权力的工具，并反过来用来迫害被视为异端的宗教小团体。

有时，当权者也会认识到宽容、原创思想、创新和多元化能给

[①] 直译是"宗教不容忍"，即没有宗教宽容和信仰自由的行为，甚至会对信仰或者教宗不同者产生宗教仇恨。

社会带来更多幸福和繁荣。在古代中国，三大宗教——儒教、道教和佛教——和谐地共存着。在16世纪晚期的印度，莫卧儿王朝最伟大的皇帝阿克巴（Akbar）试图将宗教宽容扩大到他的所有臣民中——无论是印度教徒、锡克教徒还是耆那教徒，以此来维持其庞大帝国的凝聚力，尽管他本人是个穆斯林。但在一个世纪后，他强大的后裔奥朗则布（Aurangzeb）将莫卧儿帝国变成了一个更加纯粹的伊斯兰国家，并打压了有最多人信仰的印度教，还对锡克教发动战争，处决了锡克教的第九位古鲁[①]。因此，他破坏了阿克巴建立的帝国凝聚力。奥朗则布在1707年去世，在那之后的一个世纪里，莫卧儿的权力遭到了致命的削弱，欧洲人由此在印度次大陆上站稳了脚跟。

"皇帝的宫廷成了七大气候求索者[②]的家，以及每个宗教和教派智者的集会地。"

阿布·法兹尔（Abul Fazl）《阿克巴史》（约1590年），
指出了莫卧儿皇帝宗教宽容政策的优越性

西班牙的穆斯林统治者起初对犹太人和基督徒表现出了宽容，允许他们信奉自己的宗教，前提是能够支付更高额的税款。科尔多瓦哈里发（929—1031年）见证了一个文化繁荣、贸易扩大的黄金时代。但在12—13世纪的穆尔西德王朝时期，宗教的宽容度有所下降。此外，1492年时西班牙基督徒占领了格拉纳达，完成了收复伊比利

[①] Guru，锡克教所称的师尊或祖师。
[②] 原文为"inquirers of the seven climes"，应该是泛指云集了世界各地的智者。

亚半岛的战役，宗教宽容自那时起完全消失了。犹太人和穆斯林被迫皈依基督教，否则就要被驱逐，这使得许多最聪明最有技术的居民逃往海外——这与路易十四在1685年起反对法国新教徒，和纳粹在20世纪30年代迫害德国犹太人如出一辙。

16世纪初开始的宗教改革，使得新教徒与天主教徒开始对立，欧洲在接下来的两个世纪里陷入了迫害和冲突的狂潮。三十年战争导致多达三分之一的德国人死亡，死因主要是饥饿和疾病，因为欧洲天主教和新教势力的军队均在这片土地上造成了大量的浪费。德国经过许多代人的努力才恢复过来。

尽管18世纪启蒙运动的思想家们竭力呼吁，但在欧洲范围内，宗教宽容很晚才成为多方遵守的准则。在英国，直到2013年的《王室法案》的颁布，罗马天主教徒才被允许登上王位。时至今日，宗教宽容在许多国家仍然面临着威胁，它们既来自原教旨主义者，也来自有些世俗威权国家。

绘画与印刷术

如果说第一次信息革命是随着文字的发展而诞生的，那么第二次则是随着印刷术的出现而到来的。当每个文本都必须要手抄时，就只能有极少数手稿可以流通。活字印刷术的发明带来了各类文章出版数的增长，有助于它们更广泛的传播。这对社会、文化和智力的发展都产生了深远影响。

中国人在公元3世纪时就开始使用木板来印刷文字，也会在纺织物和纸（这也是他们的发明）上印刷装饰性的图案。人们会在木板的表面上下刻刀，留下凸起的字符或者图像。到了9世纪，人们开始印刷整本书；到14世纪时，有8万个汉字都被雕刻成了一个个独立的木块，用来重新组合成一整页的内容。这就是活字印刷术的原理，但由于汉字太多，中国人基本上还是使用雕版印刷术，每张雕版都是一个印刷组件。在韩国，金属活字印刷似乎是在14世纪时引入的。直到19世纪中期，东亚的识字率都远远高于世界其他地区。

"如果我们想要规范印刷，进而规范礼仪，我们就必须规范所有的娱乐和消遣活动，规范一切让人类沉溺于享乐的东西。"

约翰·弥尔顿（John Milton）《论出版自由》（1644年）

罗马字母有着简单的结构和有限的字母数，与活字印刷的工作原理非常匹配。15世纪中叶，德国金匠兼出版商约翰内斯·古腾堡引入了这个系统，一直沿用了500年。他没有使用单独雕刻的木板来构成组装书页的字母，而是使用了由低熔点的铅、锡和锑合金制成的字母块。一旦他做成了一个字母或标点符号的模具，就能够批量铸造它们。他把这些字雕沿着一根木条排好，组成一行行字，并通过在字与字之间插入金属楔子来矫正间距（使其按照统一的宽度分布）。设置好一页文字大概需要一整天的时间。接下来，就要用一个像钳子一样的印刷机，将印版上的油墨压印到纸上。1455年，古腾堡印刷了他的第一本书，即拉丁文的圣经。这门新技术迅速传播，在1475年，威廉·卡克斯顿（William Caxton）印刷了第一本英文书籍。到15世纪末，欧洲已经印刷出了几百万本书。而到了1800年时，这个数字已经上升到了20亿册。

随之而来的是思想和知识的洪流，它们随着书籍、报纸、民谣和小册子传播，引发了识字率的激增——在此之前，读写是教会成员和少数社会精英才掌握的技能。印刷意味着文艺复兴时期被人文学者重新发现的古典文献将不再处于黑暗之中。它还使新教改革者的思想像野火一样在欧洲传播，扩大了宗教改革的群众基础。

这就不奇怪为什么这类知识的民主化，以及它们衍生出的批评和政治活动等各类行动会挑起掌权者无止境的疑虑了。大多数国家，以及罗马天主教会，都在试图规定哪些内容能出版和阅读，而哪些则不能。但即使在书籍被审查并烧毁的地方，印刷术的存在也意味着有人会在某个角落生产出更多的副本。

科学革命

在欧洲所谓的"黑暗时代"中，古希腊人的学科基本不是被遗忘，就是被谴责为异端邪说。他们大多数的科学知识只能通过阿拉伯学者保留下来，而这些人对数学和化学等学科也做出了巨大的贡献（代数"algebra"和酒精"alcohol"这两个词就源于阿拉伯语）。

在世界的另一端，作为技术创新的温床，中国诞生了一系列发明，包括指南针、火药、造纸术和印刷术。最终，"四大发明"传到了西方。

即使古希腊学科在欧洲被重新发现，它们也没有立刻激发人们做出新的思考。学者们将古希腊人视作终极权威，这一思维在神学家们将他们关于希腊思想的看法写入罗马天主教教义之后更甚。只要对这种权威提出质疑，那就是异端。

教会教学的一个核心原则就是，上帝创造了人类，而人类所生活的地球位于宇宙的中心。这与希腊地理学家托勒密的宇宙学说相呼应，尽管更早的科学家，即萨摩斯的阿里斯塔克斯（Aristarchus of Samos，公元前3世纪）曾提出过地球绕着太阳运行的理论。在16世纪时，波兰天文学家尼古拉·哥白尼（Nicolaus Copernicus）重新提出了日心说的理论。尽管数学和观测都证实了这一点，但他直到人生的最后一年，即1543年才敢发表自己的见解。当意大利物理学家和天文学家伽利略·伽利雷（Galileo Galilei）支持了哥白尼的学说并提出了相应证据时，罗马天主教会对他进行了审判。1633年，在被当作异教徒烧死的威胁下，伽利略撤回了自己的意见。尽管如此，他对现代科学的贡献是无法估量的，尤其是他在物理学中对数学的运用。

"我的注意力基本都在研究物理原因上。我的目的是要展现天体机器并不是一个类似于神圣生命体的存在，而是类似于一个时钟的存在。"

约翰内斯·开普勒（Johannes Kepler）致其赞助人的信（1605年）。
开普勒在哥白尼的基础上，发现了行星运动的规律

将观察和实验与数学分析相结合，成为新科学研究方法的标志。要得出一般理论，要基于对现实世界的特定观察——1687年艾萨克·牛顿（Isaac Newton）发表了他的万有引力定律和三大运动定律，描述了力和物体之间的相互作用，成功地证明了这种研究法。对机械化宇宙的强调确定了一系列规律且可预测的程序，而这一过程正是由数学方法来定义的。牛顿思想的成就有助于确保那些能够解释这些程序的概念、方法、语言和隐喻能被应用在各种知识学科上。

其他科学领域也有了突破性进展。在哥白尼发表日心说的那年，佛兰德解剖学家安德雷亚斯·维萨里（Andreas Vesalius）发表了《人体构造》一书，内容的依据是他自己所做的解剖，而不是古希腊医生盖伦（Galen）的理论——到那时为止，盖伦仍是此类问题的最大权威。盖伦的医学理论也受到了16世纪瑞士-德国医生帕拉塞尔苏斯（Paracelsus）的挑战，他从中世纪的炼金术出发，向现代化学发展，并坚持认为特定的疾病需要特定的救助措施来解决。

盖伦曾遵循亚里士多德的原则，认为世界是由四种元素（土、水、气和火）的平衡状态组成的。与牛顿同时代的罗伯特·波义耳（Robert Boyle）则提出了一套完全不同的化学元素概念。波义耳和牛顿都隶属于1600年成立的伦敦皇家学会。它只是17和18世纪在欧洲成立的许多科学学院之一。而仅仅在几百年前，科学才刚刚在权威的面前大放异彩。而现在，它已然成为一项受人敬仰的绅士活动。

欧洲的扩张

"印刷术、火药和水手们的指南针……已经改变了整个世界的面貌和状态。"英国哲学家弗朗西斯·培根（Francis Bacon）在1620年如此写道。回顾之前的一个半世纪，欧洲的视野以不敢想象的方式拓宽了。

具有讽刺意味的是，培根列举的三项发明都源于中国，而他所描述的过程主要是指欧洲开始追赶世界上最富有、拥有最先进技术的超级大国。中国人用火药制造烟花已经有几个世纪了，且早就开始制造枪支，但还是欧洲人抓住了这门新技术，并在14世纪初期制造了第一门火炮。中国人很早就有了"罗盘"（磁石指南针），并在数个世纪以来在印度洋实行海上贸易。指南针由阿拉伯人引入地中海，并被欧洲航海家采用。欧洲人还开发了其他航海工具，如四分仪和星盘。

在15世纪早期，中国的郑和作为舰队的总指挥，开始了一系列由国家资助的远征，到达了印度尼西亚、印度、阿拉伯和东非等地；但在1433年，中国的帝国政策发生了翻天覆地的变化，并导致了远航的停止。这一定程度上是由于花费太高，也与政治派系斗争有关，然而中国的官僚似乎认为中国拥有足够丰富的自然资源，因此皇帝不需要自降身份参与国际贸易。

西方的王公贵族和商人则有不同的想法。随着奥斯曼土耳其人关闭了通往远东的陆上丝绸之路后，大西洋沿岸的欧洲国家看到了机会，试图绕过非洲海岸，找到抵达东印度群岛的海上航线，而后者的香料在中世纪和现代早期都是非常昂贵的商品。在15世纪中期，葡萄牙的亨利王子建立了一所航海学校，并赞助了非洲西海岸的航行。1460年亨利去世后，葡萄牙人继续探索。1488年，巴尔托洛梅乌·迪亚士（Bartolomeu Dias）绕过了好望角，成功进入了印度洋。10年后，另一位葡萄牙水手瓦斯科·达·迦马通过这条路线，抵达了印度。葡萄牙人继续在非洲、南亚和东亚的海岸设立贸易港口，最远触及了中国和日本。

在西班牙国王和王后的赞助下，克里斯托弗·哥伦布（Christopher Columbus）于1492年开始了他更具野心的旅行。他向西航行，横跨了大西洋，并认为这将会是一条通往东印度群岛的更短路线。当发现加勒比海的岛屿时，他以为自己已经达到了目的地（这就是为什么它们被误称为西印度群岛）。他继续航行，抵达了美洲大陆，并

太平洋

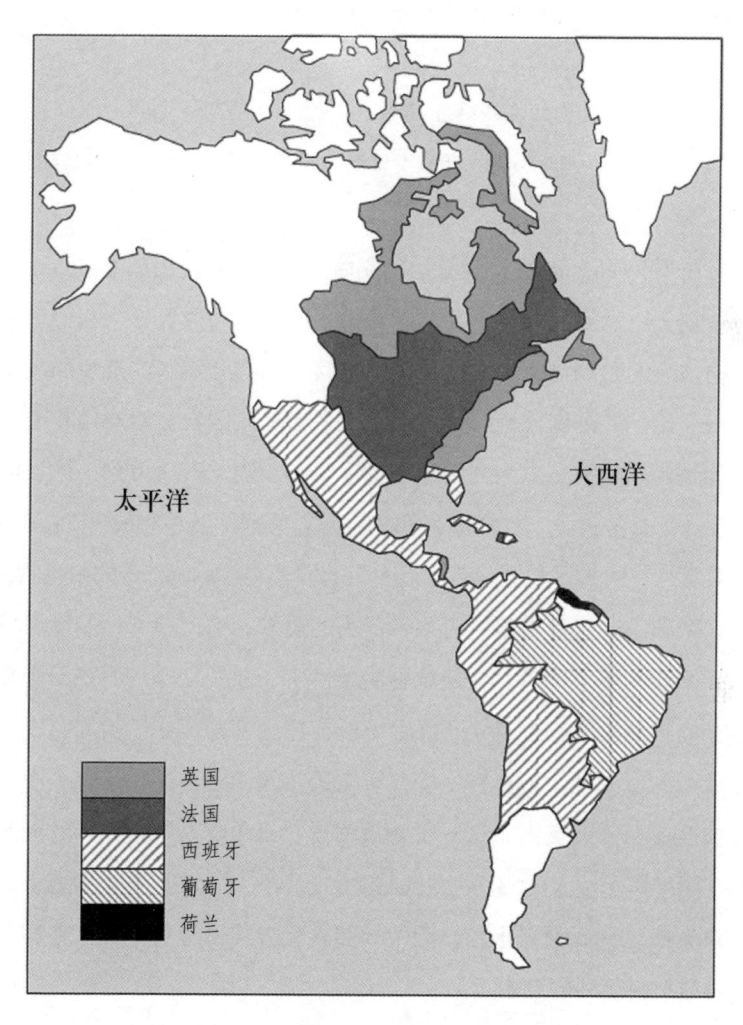

大西洋

英国
法国
西班牙
葡萄牙
荷兰

欧洲在美洲殖民地的分布情况（约1750年）

意识到这个新世界有着富可敌国的巨量黄金。它也有许多亟待拯救的灵魂，有许多能投入工作的劳动力。只要有上帝和火药傍身，欧洲征服者们怎么可能会失败呢？

> "据说地狱已然在地球上现身。"
>
> 日本对于葡萄牙奴隶贸易的记录（16世纪80年代）

在1494年，教皇在西班牙和葡萄牙之间斡旋，促成双方达成了一项划分新世界的条约。葡萄牙获得了巴西，而西班牙则获得了剩下的地区。欧洲对美洲，以及世界上其他大部分地区的统治和剥削即将开始。在野蛮征服了美洲后，许多当地人因没有对麻疹和天花等外来疾病的抵抗力而大批死亡。在几十年内，五千万到一亿人中有九成都被消灭了。虽然征服者拥有枪炮、马匹、盔甲和统一的信仰，但对新世界的人民和文化造成最大影响的其实是他们携带的微生物。

欧洲人一直都有着对可用劳动力的需求，这促使着他们发展横跨大西洋的奴隶贸易。在最肮脏的条件下，他们从非洲的统治者和本土商人那里买来并运走了数百万的俘虏。葡萄牙在巴西的殖民地是最大的目的地，但也有许多奴隶被运往西印度群岛，还有一小部分被运往后来的美国。这一贸易被称作"三角贸易"，许多欧洲商人从中牟取了巨大的利润：欧洲制成的商品被用于在西非换取奴隶，奴隶会被运到新世界出售，而欧洲商人又会从那里将棉花、糖和烟草等原材料运回欧洲贩卖。

欧洲在美洲建立的帝国，以及与南亚和东亚间海路的开通，逐渐改变了世界大部分地区。比如，尽管16世纪时世界上大多数主要城市都在亚洲，但欧洲的海洋城市，如里斯本和塞维利亚都发展到了国际性的规模。

这一过程在 17 世纪时依然延续着。作为欧洲帝国的中心，阿姆斯特丹和伦敦的地位也在不断提高。荷兰和英国也在海外建立了新的城市——1608 年的魁北克，1614 年的新阿姆斯特丹（后来的纽约），以及 1652 年的开普敦。

启蒙运动

18 世纪，欧洲的许多思想家开始质疑那些得到国家权力背书的宗教教条和权威，并崇尚起理性这一美德，以摒弃过去的迷信。"迷信使整个世界陷入火海，而哲学会使之熄灭"，法国作家伏尔泰（Voltaire）如此写道。他是一场宽松的知识运动，即启蒙运动的主要领导人物之一。

艾萨克·牛顿等科学家的成功，以及英国哲学家和政治理论家约翰·洛克（John Locke）的著作都产生了很大的影响。牛顿和洛克拥护经验主义，认为知识源于观察和经验，而不是先天的观念。洛克认为，前者是理性的领域，而后者则属于信仰的领域。万物都有待商榷，所有的假设都必须经过严格的审查。

启蒙运动的思想家们致力于从经济、法律到教育和历史等角度出发，为人类所有的知识和行为都建立一个理性基础。虽然很少有人是彻底的无神论者，但许多人都赞同自然神论，将上帝的角色限制在宇宙的"原始动力"之内。在法国，这类思想家同时也是哲学家，包括诸如伏尔泰、孟德斯鸠和德尼·狄德罗（Denis Diderot，即那本独创性的"科学、艺术和工艺的详尽辞典"——《科学、美术与工艺百科全书》的编者）等人。在英国，尤其是苏格兰也出现了类似的运动，相关人物有怀疑论哲学家大卫·休谟（David Hume）和经济学家亚当·斯密。所有这些人都因坚持宽容的价值和人道主义精神而崭露头角。

　　启蒙运动的价值观在人群中的普及，并不是一蹴而就的过程。在18世纪，一些欧洲君主对启蒙运动口惠而实不至，仍然作为专制者继续统治着自己的领土。美国1776年的《独立宣言》和1791年的《权利法案》体现了启蒙运动的某些价值观，1789年法国大革命后通过的《人权宣言》也是如此。然而在世界的许多地方，理性与宽容的启蒙运动思想仍然没有深入人心。

自由思想家的命运

　　"Écrasez l'infame,"伏尔泰如此写道——"打破迷信"。在他脑海中浮现的，是那些宣称是自由思想家、但却被教会和国家谴责渎神的人所遭受的待遇。1697年，一个名叫托马斯·艾肯黑德（Thomas Aikenhead）的爱丁堡学生成为英国最后一个因犯下渎神罪而被处决的人，因为他称神学是"一首充满了病态思想和胡言乱语的狂想曲"。2012年，反亵渎法仍然在世界范围内33个国家存在，而在一些伊斯兰国家，对亵渎罪的惩罚是死刑。

　　"除了启迪人们的心智，没有任何有效的方法可以改善任何民族的制度。"

　　　　　　　　威廉·葛德文（William Godwin）《政治正义论》（1793年）

工业革命

"工业革命"一词描述了 18 世纪到 19 世纪间一个逐步变化的过程，它主要发生在欧洲和北美洲，然后蔓延到世界上其他大部分地区。

很显然，各类制造业已经存在了几千年，从新石器时代的手斧制作，到巴比伦王国的砖块制造。到了 18 世纪，仅仅两个地区——印度次大陆和中国——就占了世界制造业产出的四分之三。高质量的纺织品和瓷器被出口到欧洲。大多数制造业都是在小规模的作坊内进行的，且一般都位于农村而不是城市。几个世纪以来，欧洲人也是在小工坊内工作的。作坊只是逐渐地被机械化和工厂系统所取代了——这便是工业革命的主要特征，同时伴随着大规模的城市化。随之而来的是生产力的飙升，以及人口的大量激增，这部分是因为在雇佣劳动下人们的独立性提高，生育的年龄普遍降低了。

为什么工业革命会先在英国开始？首先这是个政治上统一且稳定的国家，没有内部关税壁垒（这与欧洲大部分地区不同），且有着先进的银行系统。英国位于大西洋沿岸，有着先天的地理优势，还积极利用了他们的海军，在 18 世纪成为世界领先的商业大国，将亚洲的沿海经济体远远甩在了身后。棉花、烟草、糖和奴隶等商品贸易为许多商人带来了巨额利润，他们又将得到的资本投入到新的工业事业中。英国的许多港口和许多可通航的河流（后来又有了运河交通网的支持）也促进了国内和国际贸易。

英国自身的自然资源也发挥了关键作用，尤其是它的铁和煤炭储备。之前，铁是用煤炭冶炼的，但改用焦炭（用煤炭制取）后，铁产量大增。煤炭是真正推动进步的关键：这便是蒸汽技术，而这激发了工业革命的长足发展。中国和印度是早期的主要工业中心，并没实现类似对煤炭的利用。

> "先生，我在这儿卖的是全世界都渴望拥有的东西——动力。"
>
> 根据詹姆斯·鲍斯威尔（James Boswell）的记录（1776年3月22日），詹姆斯·瓦特（James Watt）蒸汽机业务的合伙人马修·博尔顿（Matthew Boulton）如是说

18世纪时，各类巧妙的新式纺纱机和织布机被开发了出来。与古老的手工劳作相比，它们对工人的技术要求没那么高，且可以生产出大量的纺织品。起初这些机器是水力驱动的，被特别安置在英格兰北部的奔宁山脉处，然而烧煤的蒸汽动力使得工厂能够建在更多地方。自18世纪以来，蒸汽机就被应用在从矿井中抽水上，但詹姆斯·瓦特在18世纪的最后二十五年里将该技术推广到了工厂，后来又推广到了船舶和机车上，使得人和货物的大规模运输成为可能。

欧洲的其他国家也迅速跟进，特别是法国、比利时和德国。到了20世纪初，日本和俄罗斯也成为重要的参与者，但真正的工业超级大国——在19世纪末已经是最大的国家，并已经准备好在20世纪时称霸全球——其实是美国。这一切都得益于以煤炭为首的丰富自然资源，以及多样的创业文化和社会因素。

尽管工业革命带来了前所未有的经济增长，并进一步带来了工资的实际增长，但它也产生了相当大的社会负担。当时的工作条件往往是危险且与世隔绝的，工人们的生活条件也无法让他们挣脱肮脏的泥潭。

农业革命

如果没有农业革命，工业革命是不可能发生的。二者都是循序渐进的事件，且在不同的时间以不同的速度在世界各地发生。但是，如果没有农业改良带来的粮食增产，人类社会就不可能从农业村镇转变为工业化城市。

与工业革命一样，农业革命开始于英国，随后蔓延到了其他地方。在1650年到1800年之间，英国的农业生产力几乎翻了一番。其中一个因素是耕地的数量在18世纪增加了约20%，部分是由于一个被称为"圈地运动"的事件，使得那些农民无法证明其合法所有权的公共土地或空地，被较富裕的农民和地主接管了。到18世纪中期，英格兰的大部分农田都已经被圈起来了。农民要么成为有偿劳动的农业劳工，要么就要去城市里寻找工作。欧洲的其他地方也发生了类似的变化（如普鲁士）。即使在农民耕作制度继续存在的地方（如法国），也出现了从自给自足到市场化生产的转变。

虽然这种变化损害了农民的利益，却改善了粮食的生产状况。如今富有的地主完全掌控了他们圈来的土地，开始了改良的过程。他们抽干沼泽的水，立起了田地的边界，并加强了牲畜的选择性繁殖。通过新的轮换制度，田地可以每年投入生产，而无需通过休耕来恢复养分。萝卜等饲料作物的种植，使更多的动物能活过冬天。在以前，大多数动物都会在入冬前被宰杀拿去做腌肉。

"勇敢的农民啊，是他们乡镇的骄傲，可一旦生活被毁，就一蹶不振。"

奥利弗·戈德史密斯（Oliver Goldsmith）《被遗弃的村庄》（1770 年）

技术彻底改变了农业产出的模式。牛津郡的农民杰斯洛·图尔（Jethro Tull）在 1770 年引进了种子条播机。1747 年，普鲁士人首次从甜菜中提取出了糖。曾经，蔗糖属于奢侈品，必须从西印度群岛进口；而现在它将成为西方餐饮的一部分。1785 年，铸铁犁头在英国取得了专利，1880 年又出现了由发动机驱动的脱粒机，1830 年收割机面世。在 19 世纪，智利大量出口了海鸟粪，这是一种从海鸟粪便堆积物中提取的肥料。

随着人口的增加以及人们在土地上劳作的比重减少，欧洲需要进口更多的食物。因此，将世界其他地区的重心引向粮食生产的动因就这么出现了。约翰·迪尔（John Deere）在 1837 年开发的钢犁让人们能够耕种北美大草原的硬土，美国得以大量出口小麦——尽管是以牺牲美国原住民的利益为代价：他们被迫从祖祖辈辈的猎场迁移到"保留地"。1892 年引进的燃油拖拉机进一步提高了生产力。到 19 世纪末，在美国生产一吨小麦所需的工时比 1800 年少了三分之一。

随着铁路网、更快的蒸汽船，以及罐头和制冷技术的出现，在 19 世纪后期，北美、南美、澳大利亚和新西兰都引入了大规模的畜牧业，它们都将产品出口到欧洲，在那里肉类能够更频繁地出现在人们日常的餐桌上。

这并不是说大部分工人阶级摄入的营养大体上是足够的。在许多地方，人们的主食包括土豆和面包（可能会淋上一些酱料）。尽管到1900年，饥饿在欧洲已经成为过去式，但营养不良的现象仍然很普遍。1899年，英国军队的志愿者中，每五人中就有三个人——他们主要来自没有技能的工人阶级——会因为身体条件而被拒绝入伍。在世界上许多其他地方，农民仍然依赖较为单一的主食作物。例如，在中国和印度，大多数人不得不像几个世纪以来那样，每天只吃一碗米饭来维持生计。饥荒仍然是一个无处不在的威胁。

社会契约

统治者的权力来源于神的认可，而不是被统治者的拥护，这种想法可以追溯到王权的起源。古代近东的一些最早的文献是家谱，其中会将统治者的祖先追溯到某个神明，从而证明他们在尘世间的统治具备完全的正当性。

在埃及，法老是太阳神拉的儿子。日本天皇自称是天照大神的后裔，这种说法直到日本在第二次世界大战战败后才被摒弃。中国的皇帝有"天命"，但如若治国不公，他的天命也可能会被抹消。这一概念在中国历史上许多朝代的剧烈更迭中都发挥了重要的作用。

在犹太教和基督教传统中，君主在加冕仪式上会被涂上圣油。这源于《圣经》中以色列国王大卫受膏的记载："撒母耳就拿着装了油膏的角，在他的弟兄中间为他受膏，从这日起，耶和华的灵就降临在了大卫身上。"君主是上帝的受膏者，这一想法引出了"君权神授"学说，它认为国王不需要得到其人民、宫廷贵族、议会甚至是教会的首肯。他只对上帝负责。

苏格兰国王詹姆斯六世（后来的英格兰国王詹姆斯一世）是一

位坚持这种绝对主义教条的君主。他对君权神授的坚持使他无视英国议会——旨在代表人民的立法性议会——所要求获得的权力和特权。他的儿子和继任者查理一世与他观点一致,并试图在没有议会的情况下统治国家。其结果便是内战,这位国王于1649年因叛国罪被处决。

正是英国血腥而混乱的内战,导致托马斯·霍布斯(Thomas Hobbes)在1651年出版了《利维坦》一书,提出了统治者和被统治者之间应签订社会契约的想法。霍布斯认为,对于处在"自然状态"的人类来说,生活是"孤独、贫困、肮脏、野蛮和转瞬即逝的"。为了避免这种野蛮状态,人类聚集在一起,达成了一个社会契约,以换取一定保护,而作为回报,他们将一些权利让渡给了一个绝对权威的存在。

这就意味着,如果这一绝对权威在谈判中落败,那人民就有权取代它。这在另一位英国哲学家约翰·洛克在其《政府论》(1690年)中提出的社会契约论中有所阐述。他认为,政府只有在得到被统治者的同意时才是合法的。国家保证维护公民的"自然权利",特别是生命、自由和财产。如果政府违背了这一社会契约,那么人民可以选择另一个统治者——1776年的美国革命者提出了这一论点,他们决定用一个独立的共和国取代英国国王。

社会契约的第三个版本来自法国哲学家让-雅克·卢梭(Jean-Jacques Rousseau)的《社会契约论》(1762年)一书。卢梭反对英国君主立宪制中的代议制原则,并指出只有在人民作为一个整体,并直接参与到制定法律过程的情况下,自由才会存在,而法律应该表达"公共意志"。在一个小国,这是可以通过直接民主来实现的,但卢梭认为,在大体量的国家内,公共意志需要一个强大的政府来指导。然而，由于政府总是会增强它自身的意志，因此人民应该定期改变政府的形式，并更换其领导人。

卢梭的思想无意中鼓励了法国革命者的暴君式倾向，如马克西米连·罗伯斯庇尔（Maximilien Robespierre），他在1792年宣布"我即人民"——这是20世纪一些最残暴独裁者的口头禅。

> **美国的《独立宣言》**
>
> 这一历史文件由托马斯·杰斐逊（Thomas Jefferson）起草，其著名的序言部分特别使用了洛克的社会契约概念："我们认为下面这些真理是不言自明的：人人生而平等，造物主赋予他们与生俱来的、不可剥夺的权利，其中包括生命权、自由权和追求自由的权利；为了保障这些权利，政府才在人民之中建立，而政府的正当权利则来自被统治者的同意；任何形式的政府，只要破坏了这些目的，人民就有权利替换或废除它，并组成新的政府……"

从重商主义到自由市场资本主义

从16世纪开始，那些开始建立海外帝国的欧洲强国就致力于在一个不断增长且利润丰厚的领域占有最大的份额：那就是国际贸易。根据当时既定的重商主义理论，世界上的财富总量是固定的。因此，每个领先的欧洲大国都希望在国际贸易中获得尽可能多的份额。

这在全球范围内激起了一系列战争。例如1756年到1763年的七年战争，欧洲强国，尤其是英国和法国，在除了欧洲外的加勒比海、北美和印度等地都发生过武装冲突。这些大国还通过了保护主义措施，禁止除了本国公民外的其他所有人参与到本国贸易中。甚至他们在海外的殖民者也不可以从本国贸易中获利。根据重商主义，殖民地完全是为了母国的利益和利润而建立的，这种政策最终使得英国在北美东部沿海的殖民地于1776年宣布独立成为美国。

同一年，苏格兰哲学家和政治经济学家亚当·斯密的《国富论》在英国出版。这本书被看作是自由市场资本主义的奠基之作。在此之前，国际贸易一直受到诸如消费税或者对海军打击他国商船等限制。此外，与某一特定国家的贸易往往还要受到国家权力的制约，这可能是通过税收，甚至是国内关税来实现的，但它往往采取着皇家特许的形式：君主将会授予某人提供某种特定商品或服务的独享特权，并换回一笔可观的财富。其他任何人都无权侵犯这种垄断行为，而持有这一特许的人能够收取任何他们想要的价格。

亚当·斯密认为，所有这些对自由市场的限制都是低效的。他提出，如果每个人都能被允许追求自己的经济利益，那么被他称为"看不见的手"的供求法则不仅会增加国家财富，也会增加该国公民的财富和幸福度。然而他也认为，供求法则只有在自由市场内才能成功运作。不仅是在国家内部，这样的市场也应该在国家之间发挥作用。

自由市场资本主义在19世纪成为许多工业化国家的规范。然而，那些超越了竞争对手的公司往往也会成为垄断者，这将使得他们能够支配产品的价格。即使是拥护自由市场资本主义的美国政府，自19世纪90年代起也认为需要控制不受约束的自由市场，并通过了反托拉斯立法，以瓦解那些有可能垄断某些市场的大公司。而在20世纪，许多发达国家的做法则是给雇主施加健康和安全标准，以达到进一步规范其行业的目的。

"每一个人必然要为了使社会的年收入尽可能大而劳动。一般来说,他并不企图增进公共福利,也不清楚增进的公共福利有多少,他所追求的仅仅是他个人的利益,而在这种以及许多其他类似的情况下,他就会被一只无形的手引导着去达成一个他本不打算实现的目标。"

亚当·斯密《国富论》(1776年)

继亚当·斯密之后,19世纪的经济学家们越来越多地提倡国家间的自由贸易,并呼吁免除进口关税等因素的阻碍。然而,为了保护自己免受外国竞争的影响,农业生产者和工业制造者往往主张要征收这种关税。因此,直到20世纪,保护主义措施仍在限制着国际贸易。即使建立了像欧洲共同市场这样的自由贸易区,它也只对区域内的成员国有利。

20世纪后期以来,国际社会一直在共同努力打破保护主义壁垒,创造一个真正的全球化市场。一些人认为,这造成了新的权力失衡:大型跨国公司能够支配市场,损害了全世界的小公司、工人和消费者的利益。虽然自由贸易和自由市场有助于促进全球经济的增长,但在自由市场、保护主义、市场监管、消费者利益和雇员福利之间如何设定一个理想的平衡值,直到今天仍然是一个基本的政治和经济争论问题。

民族主义与国家

从 18 世纪到 20 世纪,许多社会经历了剧烈的变革,主要表现为工业化、城市化和识字率上升。这些变化带来了政治意识的进一步提高,也推动了政治价值观的重塑以及新意识形态的崛起。

最重要的新兴意识形态之一便是民族主义。民族主义——或者至少是相信某一特定国家的利益是最重要的——长期以来一直存在于强大的主权国家中,比如俄罗斯,它不会拥护或效忠任何自己国界之外的团体。在欧洲,许多信奉新教的王公贵族在宗教改革期间拒绝承认教皇的权威,这反映了他们希望在一个国家的边界内拥有完全的统治权。但这类民族主义往往只代表着统治阶级的利益。历史悠久的欧洲帝国,如哈布斯堡家族统治的人民有着多样的民族构成,而这些国家基本上都会以"王朝"来定义自己。

几个世纪以来,法国和英国一直试图自我定义为民族国家,但同样地,这一诉求主要来自于中央。尽管法国境内的人们说着许多不同的语言,从布列塔尼语到巴斯克语不等,但国王和政府长期以来一直坚持只使用法语。1635 年,路易十三建立了法国科学院,将其作为法语的"监护人"。英格兰占据了不列颠岛的大部分,不与欧洲大陆相连,自莎士比亚时代起就一直沉浸在与世隔绝的状态中。莎士比亚曾盛赞不列颠为"国王的小岛",他的语言,连同詹姆斯一世委托出版的《钦定版圣经》(1611 年)在英国民族身份的塑造上都起到了很大的作用。

在 19 世纪的欧洲，变革的压力在欧洲国家间引起了日益增长的国民要求，那些国家一般在历史上长期是大帝国的一部分，比如匈牙利、爱尔兰和波兰，分别作为奥地利、英国和沙俄帝国的一部分被统治着。1848—1849 年间，匈牙利爆发了反对哈布斯堡（奥地利）的大规模起义，但最终没有成功；1830 年和 1863 年，波兰也爆发了反对沙俄统治的起义。在爱尔兰，1798 年反对英国统治的起义以失败告终（这一起义始于 12 世纪，盎格鲁 - 诺曼的冒险家们在运动中夺取权力和土地），那之后的 19 世纪和 20 世纪又出现了大规模的民众骚乱和小规模的武装叛乱。

在 19 世纪早期，许多民族主义流派都基于自由和平等的理想发展，并以将政治合法性置于"自然"和团结的国家之中。这些信念与宪政主义思想有关，即法律应该限制政府的权力，因为其合法性来自于"人民"。

因此，民族主义不仅仅是一场争取新的领土身份和边界的斗争，它还包括界定什么是真正的国家这一行为，以及国家是否扎根于种族、语言、地域或其他共同因素的思考。许多民族主义者从文化角度来思考，并鼓励使用地方性语言。知识分子试图找出民族以及民族社群的固有特征。这些趋势往往忽略了欧洲各地自然和政治边界的高渗透性。民族和语言社群并不总是局限在特定的领土范围内。讲德语的社群散布在中欧和东欧（那里已经是一个民族大熔炉了），甚至还有俄罗斯的许多地方。法国可能会以一个单一文化的民族国家自居，但它其实有许多不同的种族和语言。而 1801 年成立的大不列颠及爱尔兰联合王国，拥有除了英语外各类凯尔特语言的使用者。

与这种对"族群"的追求相关联，许多诗人、作曲家和其他艺术家都以明显的民族或种族形式为其作品的基础。比如，作曲家安东尼·德沃夏克（Antonín Dvorák，1841—1904年）和其他捷克人一样，都在奥匈帝国哈布斯堡王朝的统治之下，他的目的是将捷克传统民间音乐的元素融入自己的作品中。在整个欧洲，人们对民俗和"民族"语言的兴趣越来越大。19世纪初的德国，格林兄弟（the Brothers Grimm）对于近期拿破仑军队的战败而感到震惊，于是收集了"正宗"的德国民间故事，并打算着手编写一本权威的德语词典。

长期以来，德国和意大利都是由小的城邦拼凑起来的国度，且地方统治者中也有外国人。尽管艺术家和知识分子、自由主义者和民主人士在几十年来一直在呼吁国家统一，但这一诉求主要是在19世纪中期的武装冲突后产生的。在这些运动之后，巴尔干地区出现了摆脱土耳其统治的浪潮，而这已经使得希腊在1830年获得独立。塞尔维亚、罗马尼亚和保加利亚紧随其后。某些事业在欧洲发展成为浪潮——19世纪20年代的希腊独立战争，以及19世纪40年代的意大利复兴运动表明，当其他国家没有受到威胁时，特定的民族主义能够赢得国际上的支持。

"当今重大问题的决定，不是通过演讲和多数人表决的……而是依靠铁血。"

时任普鲁士首席部长奥托·冯·俾斯麦（Otto von Bismarck，1862年）在谈到早期自由主义者和民主人士为了建立一个统一的德意志国家所做的失败努力时如是说道。在接下来的十年里，他策划了通过武力来统一德国的军事行动第一次世界大战摧毁了奥地利、德国和沙俄帝国，创造了许多新的欧洲民族国家，其中包括波兰、捷克斯洛伐克、芬兰、爱沙尼亚、拉脱维亚和立陶宛。国家的边界应遵循民族群体边界的想法，首先出现在欧洲，其次在世界其他地区发展成了一种新的规范。随着对民族自决的渴望蔓延到印度等欧洲殖民地，帝国政治结构和理想也给其让位了。到 1975 年，欧洲的大部分海外帝国已不复存在。在许多地区，特别是在非洲和中东，新兴独立国家从殖民割据中继承下来的国界被证明是武断的，因为它们通常忽视了地方或部落的特性或边界。这往往会导致内战和种族冲突。

民族主义可能会寻求包容性，将一群特定的"人民"团结起来，但它也不可避免地具有排他性。如果你不认同一个国家的自我认同，你就不属于这个国家，这就会滋生对种族和宗教少数群体人士的歧视，也会产生更多的暴力行为。比如，土耳其民族主义在 20 世纪初成为奥斯曼帝国的主导力量，这对国内的亚美尼亚人、希腊人和库尔德人造成了严重的、有时甚至是致命的后果：不属于土耳其族的人会被归为外国人。这种待遇与以前巩固多民族奥斯曼帝国的包容性观点形成了鲜明对比。

民族主义也能与经济保护主义及其文化等价物联系起来。比如，用官方语言或者很可能会成为官方指定的语言制作文艺作品的压力，往往是以一种对外国统治者的反抗姿态而诞生的。但从长远来看，它也可能会造成残缺不全的文化孤立主义。

> **民族自决**
>
> 1918 年 1 月 8 日，第一次世界大战已经过去了一年，美国总统伍德罗·威尔逊（Woodrow Wilson）提出了国家层面的战争目标。

> 他的"十四点和平原则"列出了他解决战争和后续争端的希望及其基本原则。2月11日,他接着说:"必须要尊重一个民族的意愿,国家现在只能在征得他们同意的情况下才能支配和统治人民。'自决'不仅仅是一个口号,它是一项必须要遵守的行动准则……"

虽然民族主义给殖民地人民为摆脱欧洲统治而进行的斗争提供了理论支持,但它在20世纪所导致的后果往往是有害的。最臭名昭著的就是德国的国家社会主义者(纳粹)将其作为给暴政、战争和种族灭绝辩护的工具。在更近的时代,民族主义持续点燃着种族暴力的火种——"种族大清洗"成了谋杀或驱逐不受欢迎少数民族的一种新的委婉说法,而难民则成了现代世界独有的一类群体之一。

城市化的进程

在古代世界,尼尼微、巴比伦和亚历山德里亚等城市的人口已经突破了10万大关,而罗马可能是第一个达到百万人口规模的城市。虽然在后来的几个世纪中,许多城市的规模与罗马相当,但在19世纪,城市的发展出现了井喷。到1900年时,伦敦和纽约的人口都超过了500万。世界上许多其他的城市也以类似的速度增长着。造成这一现象的关键因素是工业化,它吸引了大量人口从农村迁往城市。

与此同时,全球贸易也大幅度地增长着,跨越大西洋的国际贸易尤甚。谷物等初级产品和加工好的成品从美洲大量出口到欧洲,因此纽约和布宜诺斯艾利斯等沿海城市以惊人的速度成长着。在太平洋沿岸地区，旧金山、悉尼、新加坡、东京和香港等城市也有类似的发展——尽管开始得较晚，规模也较小。

以芝加哥为代表的一些内陆城市，作为铁路运输网的枢纽也有了发展。铁路还使得郊区化进程开始，这改变了城市和村镇的形态，使许多新兴的富裕中产阶级搬到了绿树成荫的郊区。

许多新建的工厂通常都坐落在城镇里，因为它们需要大量的劳动力。随着政府本身成为雇主，并开始雇佣越来越多的人员，柏林等首都城市也实现了一定增长。

城市创造了一个有着大量人造因素的环境，人们的生活不再受到乡村生活节奏的支配。当路灯挑战了黑暗，下水道取代了收集人类排泄物并拿来做肥料的粪车后，这一点就得到了生动的证明。以1851年的伦敦世博会为起点，当城市选择通过大型集会来表现自己的科技和实力时，城市的象征力量也得到了展示。

城市也给健康和生活水平带来了非常棘手的问题。贫民窟、恶劣的卫生条件以及过度拥挤助长了霍乱和肺结核等疾病的传播。城市也是民众反对统治阶级并组织起义的温床，正如1848年发生在几个欧洲国家的那样。许多城市的"改善"计划其实是为了摧毁当局认为脱离管控的贫民窟。有人认为，奥斯曼（Haussmann）在巴黎重新设计的林荫大道对全世界的城市都有影响，而这一设计的目的其实是为了创造有利于军队而不是暴民的城市环境：更宽阔的街道意味着人们更难藏身，也更难设置路障。

在西方的统治或影响下，许多非西方城市也获得了火车站、林荫大道、电报大楼和大型酒店等建筑。然而，直到1900年，最大的城市区仍然集中在欧洲和北美洲。

> "地狱是一个和伦敦别无二致的城市——一个人口众多、烟雾弥漫的城市。"
>
> 珀西·比西·雪莱（Percy Bysshe Shelley，1819年）

交通网络拓宽视野

19世纪是一个思想、表达和经验水平都在不断提升的时代。科学技术的进步——从电力的利用到新合成材料的发明——使人们愈发坚信自己在地球上的生活正处于稳步改善中。同时，更快捷的交通方式使得世界变得更小也更加凝聚。

蒸汽机车使人类能够以前所未有的速度旅行，也使得货物和人员的远距离大规模运输成为可能——后来蒸汽轮船的发展也是如此。

电报的发明，以及随后电话和无线通信的出现，使长距离通信几乎成为即时性的交流。这些成就让人们想象出了一个与过去和现在都大不相同的未来，在那里一切似乎都是可能的。1903年，当比空气更重的飞机首次飞行时，显然天空也不再是极限了。

而接触这一纷繁世界的机会则不尽相同。19世纪时，很多人仍生活在村庄里，遵循着他们祖祖辈辈的生活方式。但在各个社会中，甚至在穷人之间，也有越来越多人离开了他们出生的地方。

全球蒸汽船航线的扩张，对移民的大规模增长起到了推动作用。欧洲人民移民到美洲和澳大拉西亚[①]，中国人跨越了太平洋，抵达以

[①] Australasia，地理上指包括澳大利亚、新西兰和邻近的太平洋岛屿等大洋洲地区。该词源于拉丁文，原意是"亚洲南部"。

加利福尼亚为首的地区生活，而印度人则是到南非、斐济、特立尼达和其他遥远的地方工作。所有的这些迁移都改变了世界的人口分布模式。

帝国体系和交通网络的扩张促进了以被人类消费为目的而种植的动植物贸易。橡胶最初是从亚马孙森林的野生树木上收获的，后来在马来亚的种植园中大量种植，在世界生产中占据了主导地位，满足了日益增长的工业需求，尤其是对汽车轮胎的需求。肉牛并不是美洲的原生物种，它们在阿根廷的潘帕斯草原上被饲养，而这一产业因制冷技术的发展而迅速崛起，这样肉就能出口到欧洲。原产于中国的茶叶被种植在印度和肯尼亚等不同地方。所有这类案例下，随着产量的扩大，市场也在不断扩大。

莱特兄弟的首次飞行，拍摄于 1903 年美国北卡罗来纳州。威尔伯·莱特（Wilbur Wright）俯卧于飞机的机翼上，而他的兄弟奥维尔（Orvill）则正在机翼旁奔跑

帝国主义的巅峰

在19世纪的最后几十年里，西方列强夺取了世界上的大片土地，尤其是在非洲和东南亚地区。他们在大多数地方都取得了胜利，因为他们拥有更好的通信条件，更强的疾病防控能力，以及由工业火力武装起来的强大军事力量。

尽管在1775年至1830年间，英国、法国、西班牙和葡萄牙在美洲的帝国基本上已经崩溃了，但在20世纪初，去殖民化似乎还是一场非常遥远的幻想。虽然西班牙在1898年将其剩余的主要殖民地——古巴和菲律宾丢给了有美国军事支持的叛军，但这一过程并没能在其他地方重演。

到1900年时，大英帝国覆盖了世界陆地面积的五分之一，印度是主要殖民地，拥有4亿人口（占当时世界总人口的四分之一）。法国的帝国主要在非洲和印度支那，面积达1550万平方公里，人口有5200万。其他欧洲大国，比如德国、比利时和意大利则是在非洲建立了殖民地，葡萄牙和西班牙继续持有着几个世纪前就吞并的土地。欧洲人几乎统治了整个大陆。过去，海外领土扩张的主要动机是贸易，而19世纪时的欧洲大国认为他们肩负着"教化的使命"，要通过统治"劣等"种族来实现。这一使命通常要仰仗由铁路和蒸汽轮船运出的军事力量来实现。它通常也依赖于当地的支持，尤其要注重招募当地的军队。

在西方国家内部，强烈的帝国使命感和获取利润的动机互有重叠，这尤其体现在为欧洲不断扩张的工业寻找市场和原材料方面。但这一动机仅次于地缘政治：许多帝国扩张，其实是对于其他西方大国实际或可能持有的某种意图的应激反应，而这些意图通常与非洲、东南亚和大洋洲的动作有关。例如，英国在19世纪80年代接管了缅甸（缅甸联邦共和国），这一行为部分是为了阻止法国的扩张。

到1914年，西方帝国已经吞并了他们目光所及内的大部分领土，并且还在大多数仍在西方掌控之外的地区确定了势力范围，如中国和波斯（伊朗）。从19世纪60年代开始，日本经历了快速的现代化和工业化进程，反抗了西方的控制，成为一个不断扩张的帝国，而这一过程的牺牲品则是中国和俄罗斯。它从这两个国家手中夺取了太平洋沿岸的大片地区。

然而到了20世纪，对西方的控制和影响有所不满，中国、菲律宾和非洲西南部（纳米比亚）等地相继出现了起义。这些行动都被镇压了，有时手段非常残暴。然而在1914年，以印度为首的许多殖民地内出现了要求独立或是自治的声音。

民主和民族自决的价值观是这些要求的基础。在第一次世界大战结束时，战胜国用这种价值观来证明解散欧洲内部帝国，如奥匈帝国的合理性。第二次世界大战后，同样的原则，加之战争带来的巨大经济损失，使欧洲在非洲和亚洲的帝国永远地停在了终点。

> *"每个帝国……都在告诉自己和全世界，它们和其他帝国不同，它的使命不是掠夺和控制，而是教化和解放。"*
>
> 爱德华·W. 萨义德（Edward W. Said）洛杉矶时报（2003年7月20日）

1914年欧洲的海外殖民地分布

工会、社会主义和共产主义

在前工业时期,手工业行会会将工匠们联合起来,给该行业制定标准,并设有准入门槛。随着19世纪工业的发展,社会的权力中心从地主和贵族转移到新的工业资本家阶层。但是,越来越多低收入的工厂工人和早期工匠相比,不仅独立性更低,且工作条件往往更危险。

当工人试图在工会中争取更好的工资和待遇时,政府和雇主会将其视为对自身财产的威胁,是对社会的危害。法国大革命仍然令人记忆犹新,人们依然在担心类似的起义会在其他地方发生。因此,工会通常是被禁止的,罢工也往往会遇到暴力镇压。

一些思想家开始质疑资本主义社会的基础。他们寻求国家能提高人们的生活水平,保证所有人的公正和平等的替代方案。"社会主义"一词最早由法国人亨利·德·圣西蒙(Henri de Saint-Simon,1760—1825年)使用,他认为工业能够改造人类,同时不会使劳动者陷入贫困。

1799年,慈善家和商人罗伯特·欧文(Robert Owen)在苏格兰的新拉纳克买下了棉纺厂,他在那里经营了30年,缔造了一个创新的工业综合体,为工人提供了优质的住房和其他设施。接替欧文的社会主义者希望国家通过提供教育、医疗保健、最低工资、养老金和困难时期的支持来创造一个更好的社会。一些人认为,社会主义社会可以通过民主改革来实现,另一些认为这必须要通过革命来达到。

共产主义则提供了一个更激进的蓝图。建立在财产和财富公有制基础上的无阶级社会，这一设想至少可以追溯到早期的基督教会。英国哲学家和政治家托马斯·莫尔（Thomas More）在他的《乌托邦》（1516年）一书中描述了一个所有财产都为大家共有的社会。后来的团体，如平等派（在17世纪的英国内战期间出现）也提出了类似的想法。

这些早期的共产主义理想的展示往往植根于宗教信仰，但在《共产党宣言》（1848年）中，德国哲学家弗里德里希·恩格斯（Friedrich Engels）和卡尔·马克思（Karl Marx）采取了一种更加唯物主义的思路，认为"迄今为止所有现存社会的历史都是阶级斗争的历史"。他们认为阶级与经济权力相联系，而经济权力则源于个人与生产资料的关系。历史上所有的社会都是制造商品、分配任务和利益的引擎，而这个引擎是由统治阶级控制的。在西欧的工业社会中，恩格斯和马克思划分出了两大群体：无产阶级或工人靠出售他们的劳动力为生；工业资产阶级（资本家）则会购买这些劳动力，让他们在其工厂中工作。这两个群体在谁应该掌握控制权和谁应该享受劳动成果的问题上存在冲突。马克思主义的分析将历史视为一个科学上必然发生的过程：资本主义已经征服了封建主义，反过来又必须被无产阶级革命暴力推翻。这之后将会诞生理想的共产主义社会，此时生产资料就会被纳入共同所有权之下。

到19世纪末，社会主义者已经开始在健康、安全法规以及工作时间等问题上取得一定进展，特别是在英国这样的国家，早先对工会的禁令已经逐渐放宽。工会活动被社会主义者和共产主义者视为反对资本主义势力斗争的重要组成部分之一。

到了20世纪，发生在俄罗斯、中国和其他地方的共产主义革命建立了国家，其意识形态（至少在初期是这样）的基础就是马克思主义关于工业和土地公有制的理想，而这一理想将通过国有化和集体化实现。

到了 20 世纪末，在西方，民主社会主义改革产生了更大的影响。在许多国家，政府在经济中保留了强大的作用，提供教育和健康保障，调节工作条件和工资水平，还开展了基础设施的建设。

"各尽所能，各取所需。"

一句口号，在 1851 年由社会主义者路易·勃朗（Louis Blanc）首次使用，后来经由卡尔·马克思推广

[第六部分] 现代世界

在过去的一百年里,人类见证了前所未有的高速变革时代。不仅城市化和工业化的水平有了显著提高,全球人口有了大量增加,而且科学和技术也有了惊人的进步。人类还经历了历史上最血腥的两次战争,促使了旨在结束冲突的新国际机构的建立。人们也越来越认识到,这颗小星球是所有人类的共同家园,而人类本身仅仅是地球生物圈的一个组成部分。

时间线

1905 年：爱因斯坦提出狭义相对论。

1911 年：中国的辛亥革命结束了数千年的帝国统治。

1914 年：第一次世界大战爆发。巴拿马运河开通。

1917 年：俄罗斯十月革命爆发。

1918 年：第一次世界大战结束；奥地利、日耳曼和土耳其帝国崩溃。

1923 年：人类发现了银河系以外的星系。

1928 年：青霉素被发现。

1929 年：华尔街崩盘，预示着 20 世纪 30 年代大萧条的开始。

1933 年：纳粹分子在德国掌权。

1937 年：日本正式发动侵华战争，一直持续到了 1945 年。

1939 年：第二次世界大战开始。

1943 年：第一台电子计算机——巨人（Colossus），在布莱切利公园破解了德国密码。

1945 年：原子弹摧毁了广岛和长崎，第二次世界大战结束。联合国成立。冷战开始（一直持续到 1989 年）。

1947 年：印度成为独立国家。

1949 年：共产党赢得了中国国内革命战争的胜利。北约组织成立。

1950—1953 年：朝鲜战争。

1957 年：苏联人将第一颗人造卫星送入太空。欧洲共同市场的建立。

1960 年：世界人口达到 30 亿。

1961 年：第一次载人航天飞行。

1967 年：第一例人类心脏移植。

1969 年：人类首次登陆月球。

1975 年：越南战争结束。

1976 年：美国海盗号登陆器在火星上着陆。

1978 年：第一个试管婴儿。

1979 年：天花被根除。

1989 年：万维网的发明。

1991 年：苏联解体。

1997 年：人类首次克隆了哺乳动物。

1999 年：世界人口达到 60 亿。

2003 年：人类基因组计划完成。

2011 年：世界人口达到 70 亿。

2012 年：大型强子对撞机证明了希格斯玻色子的存在。

艺术中的现代主义

现代主义这个术语能拿来形容 20 世纪初出现的一系列国际艺术运动,其目的是挑战传统的形式和价值观。

现代主义部分借鉴了新兴的社会科学,特别是西格蒙德·弗洛伊德(Sigmund Freud)的《梦的解析》(1900 年)一书。弗洛伊德的思想彻底改变了人类行为的概念,促使作家、作曲家和其他人深入研究人的心理状态。

"无意识思想的内在本质对我们来说就像外部世界的现实一样不为人知,并且就像我们的感官会向我们报告外部世界一样,它会以组成意识的信息为媒介,以一种残缺不全的方式反映着外部世界。"

西格蒙德·弗洛伊德《梦境心理学》(1921 年)

19 世纪下半叶时,从波德莱尔[①](Baudelaire)到沃尔特·惠特曼[②](Walt Whitman)的作家们已经开始了语言和叙事的实验,创造出了更加暧昧的、充满自我意识和讽刺的表达形式。现代主义文学

---

① 夏尔·皮埃尔·波德莱尔(1821—1861 年),法国象征派诗歌先驱,代表作是《恶之花》。

② 沃尔特·惠特曼(1819—1892 年),美国文坛最伟大的诗人之一,被誉为自由诗(Free Verse)之父。自由诗指不受固定韵律或者任何声调模式约束的开放性诗歌,许多属于该类型的诗歌都会遵循人类语言声调天然形成的韵律。

似乎是非常苛刻的。它用一层层错综复杂的影射挑战了以神话为代表的传统叙事，给读者带来了前所未有的体验。它还发展了新的形式，尤其是意识流，能够通过人物瞬间的想法和印象来展示世界，而不是通过作者或旁白的"客观"描述。詹姆斯·乔伊斯（James Joyce，1882—1941年）的创新史诗小说《尤利西斯》（1922年）就采用了这种手法，在他的书里，现代都柏林的生活与荷马史诗《奥德赛》中的情节遥相呼应。

在诗歌中，自由诗取代了传统的诗节句型、格律和韵式，它没有可预测的结构，不断地推翻着读者的期望。这一时期最有影响力的诗歌之一是T. S. 艾略特（T. S. Eliot）的《荒原》（1922年），其中他使用了自由诗形式，将差异巨大的各类声音和支离破碎的思想糅在一起，并且他也像《尤利西斯》一样，将神话和文学遗产与第一次世界大战后凋敝的现代生活所包含的原始现实和异化对立起来。弗朗茨·卡夫卡（Franz Kafka）也探讨了异化问题——在新捷克斯洛伐克的首都布拉格，作为一名讲德语的犹太人，他对任何一方来说都是个局外人。卡夫卡采用了一种看似现实的叙事风格，将现代生活描绘成一种类似于噩梦的东西，在这种情况下，人类的所有努力都注定要败在一个无形的官僚机构手中，而这些官僚机构管理着没有人能够理解的法律。

人与机器

"一辆咆哮着的汽车，似乎在以机关枪般强大的火力飞驰着，它比萨莫色雷斯的胜利女神更美。" 未来主义的发言人菲利普·马里内蒂（Filippo Marinetti）如是写道。未来主义是第一次世界大战前在意大利兴起的一场现代主义运动。许多现代主义艺术家接

> 受了机器美学,而这也成为当时建筑的一个特点。勒·柯布西耶(Le Corbusier)则将房屋描述为"居住的机器",而现代主义建筑则抛弃了许多19世纪建筑中的大量装饰,转而开始歌颂"形式服从功能"这一口号。

音乐也接受了实验。传统调性以人们熟悉的西方音阶为基础,此时也被"无调性音乐"所取代,在这种情况下,没有一个音调是主导的。阿诺尔德·勋伯格(Arnold Schoenberg)在维也纳发展出了序列主义,这是一种新的音乐结构准则,例如,每个乐句都必须使用八度音阶中的所有十二个全音和半音。伊戈尔·斯特拉文斯基(Igor Stravinsky)为佳吉列夫(Diaghilev)的芭蕾舞剧《春之祭》创作的重击音乐,在1913年的首次演出中引起了骚乱。对公众具有最大吸引力的新音乐则是爵士乐,它于美国黑人的传统音乐中诞生。虽然它的起源与古典音乐相去甚远,却对后者产生了巨大影响。

同样地,视觉艺术也越来越多地借鉴起世界各地人民的艺术,例如,巴勃罗·毕加索(Pablo Picasso)在第一次世界大战前画的几幅作品中都出现了非洲面具。西方的"高雅艺术"不再拥有优越的地位。毕加索还通过立体主义将新的目光投向物质世界。立体派画家摒弃了传统的透视法,试图从多个角度同时描绘一个人或一个物体,并以一系列更简单的几何形状(如立方体)构建他们的主题。弗洛伊德所强调的梦境和无意识在这一过程中起到了关键作用,为20世纪20年代超现实主义的兴起奠定了基础,其中萨尔瓦多·达利(Salvador Dalí)和勒内·马格里特(René Magritte)等画家使用了细致而逼真的画技,描绘出的物体和场景却和日常生活中所见的相去甚远。超现实主义也影响了电影和文学;在文学领域,许多人试图放弃有意识的控制，并通过"自动写作"的方法来创作作品。

长期以来，现代主义作品在大多数公众眼里是无法理解，甚至是可笑的。苏联在鼓励现代主义实验作品的几年后，约瑟夫·斯大林（Joseph Stalin）明确提出，所有形式的现代主义都是西方的堕落和资产阶级形式主义的例子，与劳动人民格格不入。现代主义将被"社会现实主义"所取代。纳粹也同样谴责现代主义艺术，称其是"堕落的"和"非德国的"。尽管西方其他地方的许多人也有类似的怀疑，但到了 20 世纪末，现代主义的许多领域已经进入了主流视野，并对大众文化产生了普遍的影响。

走向性别平等

一定证据表明，在人类历史的早期阶段存在着母系社会，例如位于克里特岛的青铜时代文明。此外，在欧洲发现的维纳斯小雕像明确赋予了女性很高的地位，它们能追溯到 3.5 万至 1.1 万年前。一些人类学家认为史前的狩猎-采集社会是相对平等的。

尽管如此，在大部分有文字记载的历史中，父权制（男性在家庭和社会中占主导地位）一直占据着上风。然而从 19 世纪末开始，在世界的某些地方，妇女的地位开始发生变化。关键的一步便是妇女获得了投票权：新西兰在 1893 年首先获得了女性投票权；瑞士的妇女不得不等到 1971 年；沙特阿拉伯的妇女则在 2015 年首次投票——这发生在市议员选举中。民族、阶级和政治偏见也发挥着作用。例如，当欧洲裔妇女于 1919 年在肯尼亚获得投票权时，非洲妇女却不能享受这一权利。而在玻利维亚，直到 1952 年之后，投票权才被放宽到识字的妇女这一群体中。

"一个人不是生而为女人;而是成为女人。"
西蒙·德·波伏娃(Simone de Beauvoir)《第二性》(1949年)。
性别认同(相对于生理性别而言)是一种社会建构,这一观点在女权主义,继而在性别转变思考中发挥了重要作用

尽管妇女历代都在田间劳作,后来又在工厂里打工,但她们的工作内容在传统上与男性不同。19世纪末,越来越多的妇女开始在办公室里工作,但往往某些职业(如医学)仍然禁止她们涉足。第一次世界大战带来了重大的变化。英国是动员全国劳动力的一系列国家之一。这一时期,男人被征兵参与战斗,而曾经属于他们的工作,例如军工厂内的劳作,则由妇女来从事。在两次世界大战中,这种现象在德国都不太明显,那里的妇女角色大多遵守着"孩子、厨房、教堂"("Kinder, Küche, Kirche")的口号。有人认为,这种未能充分调动潜在劳动力的情况是德国接连两次战败的因素之一。

布拉桑普伊的维纳斯,以猛犸象牙雕成,年代约为公元前2万年

社会其他方面更广泛的变化,包括工业化、城市化、民众顺从度的减少、世俗化和识字率的提高,对男性和女性都产生了很大影响。国家教育的扩大使女性识字率显著上升,并随之带来了从职业选择到社会流动等更多样的选择。

阻碍妇女进步的众多因素之一,是她们对自己身体的控制权。分娩的危险越来越小,但依然算不上安全。避孕和计划生育的建议往往会受到法律方面的限制。许多国家的大学仍然是由男性主导的机构,许多行业也是如此。妇女的平均工资仍然较低,她们被剥夺了,或者至少从未得到过平等的机会。

20世纪后期发生了一些最重要的变化,某些领域的科学进步影响了性选择和性安全。避孕药和避孕器让妇女有了更大的独立性,而抗生素则保护了男性和女性免受一些性病重度症状的困扰。一些国家赋予妇女平等的权利,尽管实际的执行并不总是与条文相符。例如,在英国,尽管1970年就颁布了《同工同酬法》,但女性的平均工资仍然低于男性。

"'让我们拿起我们的书和笔,'我说,'它们是我们最有力的武器。一个孩子、一位老师、一本书和一支笔,就能够改变世界。'"

马拉拉·优素福扎伊(Malala Yousafzai),巴基斯坦女性教育先驱,有史以来最年轻的诺贝尔奖获得者。她在2012年的一次暗杀行动中幸存下来,时年15岁

不同的文化对性行为和性别平等的态度也有所不同。例如,在撒哈拉以南的非洲地区,基督徒和穆斯林中的恐同人士越来越多。宗教保留了某些性别歧视的态度。与一些新教教会不同,天主教会拒绝任命女性牧师,而一些原教旨主义运动则反对性别平等。

女性无法受教育——甚至是基础教育的问题继续困扰着发展中世界。近年来,原教旨主义团体越来越多地使用暴力手段来压制妇女的受教育权,并在从尼日利亚到巴基斯坦的国家中重新实践传统的性别角色。

全新科学理论

20 世纪初,相对论和量子论这两种新理论推翻了科学界多年以来的客观事实。自牛顿时代以来,科学家们一直相信,宇宙和它所包含的一切都可以用机械的术语来描述,万物都服从于他的万有引力定律和三大运动定律。所有事件——或者至少是那些涉及物体和力的事件——都可以被算作是预先决定的,因此是可以被人们所预测的。

尽管就大多数实用目的而言,牛顿定律仍然占主导地位,但它们现在被证明既不是绝对的,也不是普遍的。根据爱因斯坦的相对论,在接近光速的情况下,时间和质量都不会保持不变。时间和空间属于同一个连续体。空间和光都可以被引力所弯曲。

同样,在亚原子尺度上,量子论证明了牛顿定律不再适用。它表明,光和其他形式的电磁辐射既不是波也不是粒子,而是同时具有波和粒子的性质。其他的既定事实也随之崩溃。 在牛顿力学下,任何物体的位置和动量在理论上都可以同时被准确测量,而量子力学表明,在亚原子尺度上,你无法同时测量一个粒子的位置和动量,因为观察本身会改变结果。

这些反直觉的理论打破了我们对空间、时间和因果观念的看法,它们似乎来自于一个爱丽丝漫游过的神奇世界。然而,这两条理论的许多方面已经得到了观察和实验的证明。从眼睛如何检测光线到现代计算机的关键技术——半导体的工作原理,量子论解释了一系列现象。而爱因斯坦的著名方程式 $E=mc^2$（c 表示光速），表明质量（m）可以转化为能量（E），因此它成了核能和核武器发展的基础理论。

其他领域在 20 世纪也发生了革命性的转变，从运输、发电和医药到农业、生物工程和计算机。科学家们对 DNA 的分子结构提出了解释，从而厘清了遗传特征是如何被继承的，还在理解大脑的运作机制方面取得了重大进展。由于这些发现，科学的地位急剧上升。就像 19 世纪的工程师那样，到 20 世纪 50 年代时，科学家已经成为进步的使者和保护者。

"原子释放出的力量改变了除我们的思维模式之外的一切，我们因此漂移到了空前绝后的灾难中。"

阿尔伯特·爱因斯坦（Albert Einstein）在他发给美国知名人士的电报中如此说道（1946 年 5 月 24 日）

S.S. 贝尔根兰号的休息室内，刚抵达纽约市的阿尔伯特·爱因斯坦正被一群记者簇拥着

与疾病抗争

20世纪见证了医学科学和临床实践的空前进步,触动了数十亿人的生活。过去曾是致命和使人衰弱的疾病,终于屈服在了一系列的新发现面前。

1922年,胰岛素的发现延续了许多年轻糖尿病患者的生命。六年后,亚历山大·弗莱明(Alexander Fleming)意外地发现一种叫作青霉素的霉菌可以消灭细菌,然而他花了好几年才开发出一种生产青霉素并将其应用于细菌感染的方法。

青霉素标志着20世纪40年代抗生素革命的开始,它使医生能够治疗肺炎、败血症和脑膜炎等疾病。起初,抗生素对人类最致命的杀手之一——肺结核没有影响,因为结核杆菌很快能就对个别药物产生抗药性。然而,到20世纪50年代时,人们发现肺结核可以通过长期使用不同的抗生素组合来成功治疗。然而,近几十年来,对联合抗生素有抗药性的结核菌株也在不断增加。

大肠杆菌等其他细菌也对抗生素产生了抗药性。抗药性对人类健康的威胁越来越大,并可能使相对简单的外科手术变得更加危险,因为任何随之而来的伤口感染都可能被证明是无法治疗的。进一步的威胁来自于农业,人们常规性地使用抗生素,以保持动物不生病并给它们增重,中国的密集型养猪场就是一个例子。自1987年以来,还没有发现新的抗生素种类。

抗生素并不是预防疾病的唯一手段。常见的儿童疾病,如麻疹、百日咳和白喉，通过疫苗接种计划得到了有效控制，这是各类改善公共卫生的一部分尝试。防治天花的疫苗接种非常成功，以至于世界卫生组织在 1979 年宣布天花已被根除。防治脊髓灰质炎[①]的疫苗于 1956 年首次投入使用，这种疾病也可能在不远的一段时间内被根除。其他病毒，包括流感、艾滋病毒和埃博拉等，已被证明更加棘手，尽管人们在使用抗病毒药物方面有了一些进展，但这些病毒仍将是医学科学的一大挑战。

由于有了抗生素，以及更多的医学知识和改良的麻醉剂，阑尾手术等要求精密操作的手术成为常规的小手术。输血、人工髋关节和膝关节的植入，以及人体器官移植等新技术也成为常态。第一例人类心脏移植手术发生于 1967 年。而对基因的操作则是从 20 世纪 70 年代开始进步，并打开了发展人类基因疗法的前景。

精神疾病影响着越来越多的人，随着对生理和神经过程作用的进一步认识，其诊断和治疗也跟着改变。在 20 世纪晚期人们开发出了安全有效的药物，有助于治疗严重的精神病和抑郁症，各种心理治疗方法也是如此，极大地提高了治愈率。但是，在世界大部分地区，医疗机构对精神疾病的支持水平很低，因此必须依靠家庭，提供网格化的支持。

除了疫苗接种计划外，公共卫生措施还包括医疗常识普及计划（甚至包括定期用肥皂洗手这样简单的事）、免费发放避孕套，以及清除积水以减少蚊子数量等。公共卫生辩论涉及个人、企业和政府责任等有争议的问题。例如，在解决吸烟、酗酒和其他药物滥用以及肥胖率上升所造成的问题方面，一个国家应该发挥什么作用（如

---

① 即小儿麻痹症。

果国家在这方面有用的话）的辩论一直在进行，这一冲突会随着富裕程度的提高和社会规范的变化而加剧。

在20世纪，医学界也走向了一些非常不同的方向。整形手术是第一次世界大战后为治疗战争受害者而发展起来的，它作为一种可选择的美容手术而被普遍使用。最近，提高比赛成绩的药物处方在足球和田径等体育项目中变得臭名昭著，而这些项目也恰恰是价值数十亿美元的全球性产业。

世界大战的到来

1900年时，应该没几个人会想到一场将持续多年并破坏旧世界秩序的大型战争即将到来。当然，大国之间的关系仍然很紧张，国际军备竞赛正如火如荼，但这种紧张关系并不新鲜，以前也没引发过大型战争。

自1815年拿破仑战争结束后，欧洲基本上一直处在和平状态中。主要国家之间也确实爆发过战争，如1866年的奥地利和普鲁士，以及1870年到1871年的法国和普鲁士，但这些冲突都在几周或几个月内结束了。

到了20世纪初，统治精英中新出现了一种极具侵略性的好战情绪。在这个时候，国家之间的冲突往往被看作是达尔文式的，即是一个"适者生存"的问题。人们普遍认为，国家能够征召并决定如何使用公民的生命，这体现在征兵这一实践上（100年前首次在法国大规模推行）。在许多欧洲国家，年轻的成年男子必须服兵役，期限一般是两年，然后每年在预备役中服役数周。这一制度为1914年第一次世界大战爆发时庞大的军队部署奠定了基础。军队中惯性的服从与爱国战争狂热的情绪相勾结，推翻了对参战的疑虑，而怀疑的声音则主要来自宗教上的反对或工人阶级之间国际团结的信念等。工业化和更快的技术发展速度可以制造出巨大的现代武器库——包括机枪、飞机和潜水艇——来装备这些部队。欧洲主要大国的海军和陆军开支在19世纪的最后20年里翻了一番，在20世纪的第一个十年里又翻了一番。

到1914年，欧洲的主要大国之间已经结成了一系列的军事联盟。结盟作为一种威慑手段，目的是维持和平和保持权力的平衡，但它实际上增加了战争的风险，因为对一个国家的威胁就是对所有同盟国的威胁，而且更具侵略性的成员国可以发号施令。1914年，随着巴尔干半岛危机的扩大，德国和法国未能遏制其主要盟友奥匈帝国和沙俄的行动。

另一个危险是，军事计划不是民众领袖负责，而是委托给每个国家的总参谋处——这些人会自然而然地认为，能否给予第一击可能是一个起到决定性作用的行为。在第一次世界大战前夕，他们的计划是围绕着夺取主动权而展开的，目的是支配事态如何发展。

"我们要八艘，而且我们立刻就要。"

这是英国1909年第一次世界大战准备阶段时出现的口号，当时各个大国都在争相建造速度更快、装备更强的战舰，如1906年下水的英国"无畏号"战舰

工业化的屠杀

1914年到1918年的第一次世界大战是有史以来最血腥的战争，部分原因是它涉及了世界三大经济强国（德国、英国和美国）及其领先全球的帝国体系，还有他们控制的所有人力资源。武器装备以前所未有的规模被制造出来，它们的破坏性也是非常突出的。

另一个关键因素是战斗人员无法通过谈判来和平解决冲突，这种情况在第二次世界大战中重演。因此，触目惊心的破坏非但没有促成开展谈判的努力，反而使人们决心投入更多的精力展开战斗。

这场战争使德国和奥匈帝国（同盟国）的联盟与法国、比利时、英国、塞尔维亚、沙俄（协约国①）和日本等国对立。反过来，每一方都招募了新的伙伴，尽管同盟国方面只获得了土耳其和保加利亚，而协约国招募的伙伴包括意大利、葡萄牙、罗马尼亚和最具决定性的美国（1917年4月加入）。

冲突的直接原因是奥匈帝国对塞尔维亚的侵略。1914年6月28日，一名波斯尼亚民族主义者在塞尔维亚秘密军事学会"黑手会"的支持下，在奥匈帝国统治下的萨拉热窝刺杀了奥匈帝国王位继承人弗朗茨·斐迪南（Franz Ferdinand）大公。奥匈帝国拒绝了塞尔维亚的赔偿提议，转而发动战争，打算粉碎其帝国内日益壮大的民族主义。

---

① 传统上"同盟国"与"协约国"（Entente Powers）为一对译名，这里原文给出的是"The Allies"，一般译为"连合国"，但本文统一译为"协约国"。

沙俄此时开始动员军队，并拒绝了德国希望他们召回军队的最后通牒。德国向沙俄宣战，随后又向沙俄的盟友法国宣战。这一决定在很大程度上都要归功于德国高层，因为他们担心被法国和俄国组成的联盟夹击。德国总参谋部准备了一个计划，先绕过德国边境的法国要塞，再通过脆弱的比利时入侵并迅速打击法国，使其退出战争。这一行动将英国推入了战争，因为它是比利时中立条约的担保人。

战争的第一年内，没有任何一方取得决定性的胜利，但1914年末时，德国人在比利时和法国都占领了重要的领土。因此，西方协约国被迫采取攻势，既是为了收复失地，也是为了减轻沙俄的作战压力，因为在1914年和1915年期间，沙俄在德国手中损失惨重。

1914年9月，德国人进入防御态势并挖了一系列战壕，协约国方面也做了同样的事情，西线战场就此诞生，多条战壕线从法瑞边境向西北延伸至北海。法国和英国的将军们梦想着通过正面进攻取得决定性的突破，但当时的军事技术，特别是机枪和大炮都被安置在强大的战壕和防空洞系统中，一旦冲突爆发，战况将对防守方非常有利。由此造成的巨大伤亡并没有带来显著的领土收益。然而，到战争结束时，精确的炮火打击与步兵突击相结合等新战术被证明更加有效。正是这些战术帮助协约国在1918年取得了胜利。

"我们非常惊讶地看到（英国士兵）在行走，这种场面我们从未见过。军官们走在前面。我注意到他们中的一个人拿着一根手杖，正平静地走着。当开始射击后，我们只需要不停地装弹就好。他们成百上千地倒下了。你甚至不需要瞄准，只需向他们开火就好。"

——一名德国机枪手在回忆索姆河战役的第一天
（1916年7月1日）时如此说道

与此同时，因战争而流失的鲜血是不可估量的。一些战役，尤其是1916年的凡尔登战役和索姆河战役，均损失惨重（这两次战役的伤亡人数超过了200万）。尽管他们在1917—1918年将俄国淘汰出局，但德国人却被西方协约国打得落花流水，陷入了资源匮乏的困境中。

这场战争促进了大规模军工企业的发展，特别是枪支和高爆弹的制造。对海洋的控制也是至关重要的。德国对协约国的商船成功地发动了一系列旷日持久的潜艇战；与此同时，协约国海军，特别是英国海军对德国实施了严密的封锁，并使其失去了资源供给。双方都互相使用了毒气，尽管这种手段在军事上从未起到过决定性作用。

这场战争似乎远远脱离了以往将战斗视为个人和集体英雄主义的想法；相反，它体现了人类在致命的战争机器面前处于次要地位的概念。这场战争还首次出现了对平民的大规模空袭，这使得人们担心未来的战争中会不会有城市被轰炸机摧毁。这都在一定程度上促成了后来的反战情绪。然而，在战争结束后不久，以及进入20世纪20年代后，许多人似乎都接受了一个想法，即战争是一种必要的负担，是一种不可避免的责任和牺牲。

"事态的严重使得政治家们不知所措。将军们也无法招架。他们相信，大规模作战是胜利的秘诀。他们所引发的战争规模之大却是他们无法控制的。所有人都或多或少地陷入了无助，迷茫而笨拙地摸索着前路。"

    A. J. P. 泰勒（A. J. P. Taylor）《第一次世界大战》（1963年）

凡尔赛和约及其后果

第一次世界大战以一系列和平条约的签订而告一段落,其中最引人注目的就是 1919 年与德国签署的《凡尔赛和约》。胜利的协约国在签订这些条约时,既要惩罚战败国,又要确保战后世界的稳定。

《凡尔赛和约》最显著的失败是,它没能阻止在 20 年后爆发的下一场战争。甚至在 1919 年,出席和平会议的经济学家约翰·梅纳德·凯恩斯(John Maynard Keynes)也预测,该条约的严厉程度将导致德国金融的崩溃和进一步的混乱。同样持怀疑态度的还有费迪南·福煦元帅(Marshal Ferdinand Foch),这位法国在协约国的战时最高指挥官于 1919 年 5 月抱怨说:"这不是和平。这是一个为期 20 年的停战协议。"

事件的发展给和平缔造者们带来了压力。随着奥匈帝国和德国政府的倒台以及土耳其人的失败,一战于 1918 年结束。东欧和已崩溃的土耳其帝国的民族主义者此时要求建立新的国家。和平缔造者的回应是将匈牙利从奥匈帝国分离出来(曾经的超级帝国因此缩减到了现在的规模),并承认波兰和捷克斯洛伐克为独立的民族国家。罗马尼亚扩张了。塞尔维亚成了新南斯拉夫国家的基础。

德国并没有像奥匈帝国那样失去领土,但它确实失去了在波兰的土地,并被迫归还 1871 年占领的法国土地。它还必须复员和解除武装,并支付赔款:赔偿其武装部队造成的损失。这大大挫伤了德国的经济,并使其人民产生了对其他国家的敌意,这对阿道夫·希特勒（Adolf Hitler）这样的极端派十分有利。纳粹分子利用这一点来诋毁魏玛共和国，即1919年在德国成立并取代了帝国制度的民主政府。

奥匈帝国的毁灭，留下的是积压的不满。在匈牙利，一些被移交给捷克斯洛伐克、罗马尼亚和南斯拉夫（现在的斯洛伐克、罗马尼亚和克罗地亚）的地区，其居民中匈牙利人占多数，他们的愤怒至今仍然存在。土耳其在1920年失去了许多财产，特别是授给法国（叙利亚和黎巴嫩）或英国（伊拉克、巴勒斯坦和外约旦）的阿拉伯省份。当协约国将中东地区划分为由任意直线分隔的人造民族国家时，他们至少埋下了三个长期的隐患：他们打压了阿拉伯民族主义的野心，掩盖了教派分歧（尤其是什叶派和逊尼派穆斯林之间的分歧），并忽视了当地库尔德人等非阿拉伯民族的权利。

在美国总统伍德罗·威尔逊的推动下，凡尔赛和约设立了一个新的国际机构，即"国际联盟"，目的是监督全球体系并维持世界和平。但美国在很大程度上是一片由逃离本国迫害或战争的欧洲人定居的土地。长期以来厌恶"外交纠葛"的美国恢复了其一贯的孤立主义；美国参议院拒绝支持该联盟，美国也没有加入它。此外，共产主义俄国和战败的德国也被排除在外，联盟在全球的影响力从一开始就受到了限制。

暴力革命

暴力推翻现有政治制度是20世纪上半叶全球历史的一个主要特征。许多国家都受到了影响，最引人注目的是中国和俄罗斯。

大多数革命反映了这样一种观点：君主制不仅是过时的，还阻碍了现代国家应对世界变化——残酷的国际竞争体系、对国内改革的要求和社会混乱的威胁——所需要的变革。在19世纪60年代的日本，事实证明帝国存续的合法性和激进的现代化之间的矛盾是可以调和的，但在20世纪初的其他地方，危机更加严重。一些国家——包括中国、葡萄牙和土耳其——出现的军方人士领导变革的呼声并不是偶然现象，因为正是国防方面的失败侵蚀和破解了旧的制度。在中国，外国势力在1900年介入并平息义和团运动后，清王朝颜面尽失。这最终导致了中国皇帝在经历了两千多年的皇权统治后，于1911到1912年间倒台。一个新的共和国随之诞生，但在随后的几十年里，各省分离并形成了军阀割据局势，国家的统一落空了。

第一次世界大战使奥地利、德国和土耳其的王朝帝国倒台。一战还引发了俄国的二月革命。一战时俄国在德国手中的屡尝败果，这使它本就因战争而严重的社会、经济和政治压力倍增，它们使政府，特别是沙皇尼古拉二世的名誉扫地，他对战争承担了个人责任。1917年年初，一个温和的共和政府推翻了他的统治，但该政府承诺会继续进行战争。共和政府又被弗拉基米尔·列宁（Vladimir Lenin）领导的布尔什维克集团所推翻，该集团规模虽小却志向坚定，是未来苏维埃共产党的核心。他们在十月革命中夺取了政权。

列宁摧毁了他的左翼对手，并参与了一场内战，尽管有包括英国、法国、美国、加拿大和日本军队在内的国际支持，他还是打败了对手。布尔什维克掌握了关键的制造中心，他们在莫斯科的基地控制了铁路系统，因此就能将资源派往最需要的地方。

"没有暴力革命，就不可能用无产阶级国家取代资产阶级国家。"

列宁（1917年）

在第一次世界大战之后，外界的干预力量早已疲惫不堪，而且缺乏协调性的目标，因此就撤退了。此外，白人关于"一个伟大而不可分割的俄罗斯"的思想疏远了想要从俄罗斯帝国独立出来的各种民族主义运动。最后，这些运动在乌克兰、高加索和中亚地区失败了，但在芬兰、爱沙尼亚、拉脱维亚、立陶宛和波兰都成功了。除去后面这些领土，列宁在1922年建立新苏维埃社会主义共和国联盟（简称苏联或苏维埃联盟）。

布尔什维克的激进改革包括对农业和工业实行国家控制。对掌握大量财产的农民中富农阶层的清算，使500多万户家庭被迫进入劳改营或偏远地区。列宁认为资产阶级民主形式是资产阶级的装饰品。布尔什维克致力于变革，特别是要实现快速的工业化，他们认为这是加强其权力的一种手段。

世界经济的崩溃

1637年，荷兰郁金香球茎的价格疯狂上涨——甚至到了数栋房屋只能换来一个球茎的程度——然后突然跌落。这种"郁金香狂热"可以说是现代社会的第一个投机泡沫。

随着银行业和资本投资的扩张，出现了许多类似的泡沫和萧条，包括1720年密西西比公司和南海公司倒闭之后的泡沫。由于购买这种投机性企业的资金往往是借来的，因此当泡沫破裂时，借款人破产、贷款人失去资金、银行倒闭，进而整个经济都会步入衰退。

19世纪发生的1873年恐慌，部分是对铁路的灾难性投资引起的，这引发了整个欧洲和美国的经济衰退。这场灾难至少持续到了1879

年,某些观点认为它甚至持续到了 1896 年。这种经济不景气现在被称为"长期萧条"。在 20 世纪 30 年代的灾难性危机夺取这一称号之前,一直被称为"大萧条"。

1929 年的华尔街崩盘和随后的经济不景气直接导致了 20 世纪 30 年代的全球大萧条。这是一个生产和贸易下降、企业倒闭、公共财政崩溃和失业率急剧上升的时期。这些都是世界经济体系出现根本性危机的表现,也助长了 20 世纪 30 年代广泛出现的从民主到极权主义的转变。

大萧条的原因之一,是第一次世界大战对战前经济体系造成的巨大破坏。它使美国成为一个主要的债权国,并使涉及的主要大国背上了沉重的债务。1929 年,贷款系统中相对较小的问题像滚雪球一样发展成对资产价值的信心危机。在这十年中,投机的程度很高,例如股票的价格就已经飙升了许多;当信心突然崩溃时,价格迅速下跌。贷款被收回,实力较弱的银行则出现了挤兑,这反过来又削弱了人们对较强银行的信心,从而使危机进一步恶化。随着可用于投资和贸易的信贷减少,经济活动也随之减少。初级生产者(生产食品和原材料的国家,如澳大利亚和巴西)因而看到他们在发达国家的市场萎缩。此时,这些生产者从工业国购买制成品的能力下降,于是工业国的出口反过来也受到影响。

"关于大萧条的原因的争论一直持续到今天。经济学往往不善于解释经济活动的波动。"

尤金·法马(Eugene Fama)《纽约客》采访(2010 年 1 月 13 日)

新的连锁反应不断出现。世界各地都面临着工资下降的压力,同时失业率在上升，1932年美国的失业率上升到了近24%的水平。

经济压力对最薄弱的工业部门打击最大。例如，英国的采矿业和重工业都遭到了重创。然而也有一些行业确实在继续增长。除了汽车，更多的收音机和洗衣机被生产出来，电影业也有了很大的发展。苏联和希特勒统治下的德国也经历了显著的工业增长，部分是由于政府将资源集中于发展重工业和强大的军事工业综合体上。然而，这种增长是以经济资源分配不当为代价的，他们对武器制造的过度投资造成了极具破坏性的长期隐患。

经济的崩盘给政治家带来了问题，尤其是那些具有自由市场本能的政治家。一些政府起初试图通过削减开支和提高利率等做法来保护他们的货币。保护主义措施和关税制度也被重新引入，和长期萧条时期如出一辙。相比之下，正如约翰·梅纳德·凯恩斯等经济学家所主张的那样，美国从1933年开始实行罗斯福新政，一部分具体措施是利用政府开支来刺激经济增长。此外，他们还采取了一些手段，以便更有效地监管银行。

在包括美国在内的大多数国家中，工业复苏的征兆仍然相当薄弱，直到第二次世界大战的爆发，促进了制造业和就业局势回暖。

2008年，类似的投机和较弱银行的组合导致了新的全球性金融危机。与大萧条时期一样，各方采取了多种多样的应对措施。一些国家实行了紧缩政策，往往以牺牲福利和地方政府开支为代价；其他国家则主张采取更接近罗斯福新政的措施，或以其他方式来扩大货币供应。世界如何处理未来的金融危机，可能要取决于未来几十年如何应对这些问题。

极权主义

20世纪30年代，随着反民主政治运动获得权力并展开无情的独裁统治，世界不同地区的一些极权主义政权也纷纷崛起。

一些国家已经有了这样的政权，比如法西斯领导人贝尼托·墨索里尼（Benito Mussolini）于1922年夺取大权后的意大利。在20世纪30年代，更多的国家在全球大萧条的压力下做出了暴力的反应。对极端主义意识形态的支持也发挥了作用，特别是在1933年的德国，阿道夫·希特勒领导的国家社会主义阵营（纳粹）上台了。他提供了许多人渴望的秩序，他对社会和种族群体的公开仇恨及寻找替罪羊的做法帮助他集结了大量的追随者。希特勒利用了德国人对《凡尔赛和约》惩罚性条款的普遍愤怒，以及创造了"背后捅刀子"的说辞——声称是他们自己的政治家背叛了德国军队。纳粹分子掩盖了这样一个事实：1918年呼吁和平的政治家们之所以不得不这样做，是因为国内的经济崩溃和西线的军事失利。

"一个国家的广大民众会更容易成为一个弥天大谎的受害者，而不会相信一个小的谎言。"

阿道夫·希特勒《我的奋斗》（1925年）

在日本，20世纪20年代的民主承诺在30年代时被专制军国主义所取代。在拉丁美洲和东欧，专制政权也占了上风，只有捷克斯洛伐克仍然是一个民主国家。在西班牙，共和国的左翼民主政府在1936 到 1939 年的内战中被弗朗西斯科·佛朗哥（Francesco Franco）领导的右翼将军集团所推翻。战争期间西班牙约有 15 万平民被杀，此后又有大约 5 万人死亡，而屠杀平民是敌对双方都故意采用的策略。意大利和德国都为佛朗哥提供了军备援助和军队补贴，而苏联则在较小的程度上帮助了共和党人。欧洲的民主国家未能进行干预，这无形中给希特勒的扩张野心发出了一个信号。

专制政府并不新鲜，极权主义才是。它将成为 20 世纪的一个关键特征，因为法西斯政府不仅要统治公民的身体，还要统治他们的思想。他们利用大众传媒（特别是广播和电影）兜售饱含极端思维的宣传，其信息得到了秘密警察和线人网的支持。残酷的惩罚、监禁和谋杀被用来让民众处于恐惧状态。特别是对极右派来说，由于其宣扬的劣等种族概念，国家的目标被与军事目标画上了等号。因此，希特勒、墨索里尼和日本的民族主义者甚至不惜发动战争，尽管他们都没有预料到即将到来的世界大战会发展到何种程度。

华尔街股灾之后，美国对日本施加了沉重的关税，日本已经感到在一个由西方操纵的全球体系中被孤立。对日本领导人来说，为了保护其经济和获得急需的自然资源，领土扩张是唯一的途径。1931 年，日本入侵了中国东北。1937 年，它对中国的其他地区发动了一场全面的侵略战争，造成了巨大的损失和数千万人的伤亡，其中大部分是普通平民。虽然日本人占领了许多重要城市，但到 1938 年底，他们发现自己无法征服中国人，也无法继续推进战争。这一挫败感影响了他们对 1939 到 1941 年国际局势的判断，并使他们相信必须要切断通往中国的供应路线。

在欧洲，数年来希特勒一直以保护非德国国家的德语人口为由，要求其他国家割让领土。这一情况在他于 1939 年 9 月 1 日入侵波兰时达到了顶点。英国和法国为了和平,一直向希特勒的要求低头,这是典型的"绥靖"政策。而现在,为了支持波兰,英法两国向德国宣战了。由于两国都动员了他们庞大的海外帝国资源,这场冲突很快就演变成了全球战争。

全面战争

时至今日,第二次世界大战仍是"全面战争"最极端的例子,在这场战争中,民用资源和基础设施被完全动员起来,不仅成为战争的一部分,还被敌人视为合法的军事打击目标。这也许是历史上第一次平民死亡人数远超军人死亡数的战争,全世界总共有多达 6000 万人丧生,还有数百万人死于饥荒和疾病。

希特勒渴望建立一个大德国,将中欧许多德裔人口聚居的地区联合起来。他的目标是在俄罗斯西部为德国人获得生存空间（Lebensraum）①,并在南部进一步扩张,以获得石油等经济资源。起初,他取得了巨大的成功,在 1939 到 1941 年之间占领了欧洲的大部分地区。然而,尽管成功地将英国军队赶出了欧洲大陆,并在 1941 到 1942 年间征服了苏联位于欧洲的大部分领土,但希特勒还是没能结束战争。

---

①这个词专指纳粹提出的概念,表示国土外可以控制的领土和属地。

温斯顿·丘吉尔（Winston Churchill）领导下的英国新政府对妥协的和平不感兴趣，因此到苏联和美国的行动能够发挥决定性作用为止，冲突都一直在持续。至关重要的是，在1941年德国入侵后，苏联政权没有像1918年那样通过提出和平谈判来应对严重的战场失利，这部分是由于希特勒已经明确表示其目标是奴役或消灭东部所有非"雅利安"人种，而这很大程度上指的是斯拉夫人，他们被纳粹视为"次等人类"（üntermenschen）。

在东方，德国的盟友日本于1941到1942年间在东南亚和太平洋地区赢得了重大胜利，英国、法国、荷兰和美国付出了惨重的代价。与德国人一样，它自始至终都没能叫停战争，也无法将其成果转化为资本。1941年12月7日，美国太平洋舰队在珍珠港遭到突然袭击，这一事件将美国卷入了战争，排除了把战争维持在有限规模的最后可能性。美国及其盟国要求德国和日本无条件投降。

事实证明，起到决定性作用的是盟国优越的工业和人力资源。美国是迄今为止世界上最大的经济体，而苏联的工业生产，特别是武器生产，则已经被安全地转移到东部的乌拉尔山脉以外。此外，斯大林可以召集数百万步兵，发动一波又一波的反击。到1945年，苏联人已经向西开进了德国本土。1944年6月6日，英美加三国联军发动了有史以来最大的海上突袭，在法国的诺曼底海滩登陆，向东往德国进军。与此同时，盟军的轰炸机以德国城市为目标，无视其军事重要性的高低，展开了无差别进攻，造成了数十万平民的死亡。

在世界的另一边，美国人把日本人赶回了太平洋彼岸，而英国人则挫败了日本人入侵印度的企图。1945年，当苏联军队为进入柏林而战时，希特勒自杀了。德国在同年5月投降。日本人在太平洋地区进行了激烈的抵抗。如果盟军入侵他们的本土岛屿，他们可能还会更努力地战斗。然而，8月6日和9日，在美国人在广岛和长崎两个城市投下两颗原子弹后，情况发生了彻底的变化。单次爆炸的死亡人数分别约为7万和3.5万。六天后，日本投降了。

为了开发原子弹，美国花费了数十亿美元，并动用了巨大的科学、技术、工业和组织资源。这个例子说明全面战争意味着动员整个社会，而不仅仅是处在战斗年龄的男人，因为政府会以前所未有的方式扩张其权力并指导经济。征兵的范围扩大了，而妇女被前所未有地招募到劳动力队伍中，其影响在战争结束后很长时间都还存在。政府还必须保持社会的凝聚力和士气，采用的方法则有政治宣传和警察监管等。

"我问你：你想要全面战争吗？如果有必要的话，你是否想要一场超乎任何人想象的更加全面和彻底的战争呢？……现在，国民们，起来吧，让风暴爆发吧。"

> 1943年2月，纳粹宣传部长约瑟夫·戈培尔（Josef Goebbels）
> 在形势对德国不利后的演讲

第二次世界大战改变了世界的许多面。其冲突规模比第一次世界大战大得多，对平民生活的破坏也是如此。数以百万计的难民在战后努力寻找住所和新的家园。在地缘政治方面，美国和苏联成为战后世界上的两个超级大国，而欧洲帝国主义强国则被大大削弱，在接下来的二三十年里失去了大部分的海外资产。

也许二战最持久的影响是"全面战争"思维的扩大化。自1945年以来，在世界大部分地区进行的战争和内战中，出现了许多为了推行政策而对平民展开的大规模攻击，作为惩罚或镇压的手段而实施的大规模掠夺，以及招募儿童参战并向其灌输战争思想的情况。

种族灭绝

第二次世界大战的大屠杀中,纳粹在专门建造的"死亡集中营"内,精心组织并灭绝了欧洲三分之二的犹太人口,这是历史上最大规模的种族灭绝行为。

除了杀害约 600 万名犹太人外,纳粹还屠杀了近 40 万吉卜赛人,以及大量(但不为人知)的斯拉夫人、残疾人、同性恋者和政治敌人。约 300 万苏联战俘也死于饥饿、疾病和无人照管等情况。

过去发生过种族灭绝,未来也仍会发生种族灭绝。但这里所说的种族灭绝——基于种族、民族、政治、文化或宗教原因对特定人口实施的大规模灭绝——与 20 世纪有着特殊且紧密的联系。在古代和中世纪的世界里,如果一个被围困的城市未能投降,将该城市的全部人口置于剑下并不是个罕见的事。但如果要试图系统地消灭整个群体(通常是出于意识形态或种族原因),那就是一个相对较新的现象了。这方面的例子包括:土耳其人在第一次世界大战期间进行的亚美尼亚人大屠杀;1971 年西巴基斯坦军队在当时的东巴基斯坦大规模屠杀孟加拉人,因为后者正在努力争取独立成为孟加拉国;20 世纪 90 年代波斯尼亚塞族人对波斯尼亚穆斯林的"种族大清洗";以及 1994 年的卢旺达种族大屠杀,在这次屠杀中,可能有多达一百万的少数民族——图西人被国内占多数的胡图人所杀害。

在卢旺达种族灭绝的准备过程中,极端的胡图人开始把图西人称作"蟑螂"。这种将预定的受害者描述为害虫的做法是种族灭绝中的一个常见现象。例如，纳粹经常把犹太人描绘成老鼠，把他们所有的受害者描绘成"次等人类"。似乎只有当人们开始认为受害者完全是异类和"他者"，甚至认为他们不是人时，才能被说服至少对大规模屠杀持宽容态度，甚至参与其中。

"只要有人能让你相信谬论，他就有能力让你犯下暴行。"

伏尔泰《关于奇迹的问题》（1765年）

核能时代

在广岛和长崎投下的原子弹似乎正式打开了一个新的时代。整座城市都能在瞬间被摧毁，人类也可能会以此来自我毁灭。事实证明，尽管美国从1945年到1949年一直享有核武器的垄断权，但它并没有再次使用这些武器。

第二次世界大战期间，由于担心纳粹可能正在开发这种武器，曼哈顿计划应运而生，美国人部署了一个国际专家小组，促成了原子弹的生产并最终在日本投放。

在冷战初期，美国的核实力使其在1945年后迅速完成了复员，并能在全世界自由行动。这段自信的时期在1949年结束了，因为苏联显然也掌握了自主开发原子武器的技术，这一成就不仅反映了苏联在科学和技术方面的进步，也反映了其在西方的间谍工作的成功。

苏联的成功让美国人感到不安，并促使他们开发出了一种威力更大的核武器——氢弹。他们于1952年在太平洋的艾尼威托克环礁上进行了第一次试验，5千米宽、17千米高的火球照片令全世界感到惊叹和恐惧。第二年,苏联人测试了他们自己的氢弹。

之后英国、法国和中国这三个大国先后开发了自己的原子弹和氢弹。然而,在这方面执牛耳的仍然是美国和苏联,它们建立了大规模的核武器库。起初,核武器的形态被设计成从飞机上投下的炸弹,但到了20世纪50年代末,双方都开发了远程导弹,用于发射核装置,它可以从地面发射,也可以自潜艇发射。这些导弹的移动速度比飞机快得多,而且更难被追踪或拦截。

两个大国都积累了强大的远程武器阵列。这一军备升级的灵感来自于这样一个想法:只有大规模的武器库才能阻止对方的攻击。相互保证毁灭理论(简称M.A.D.)认为,如果双方都拥有压倒性的核武器库,其中任何一方的首次打击,就足以使双方都被毁灭。规划者确定了会导致数百名士兵死亡的打击目标。平民们逐渐习惯了应急演习和程序,尽管它们既不能保护民众免受爆炸波及,也不能保护他们免受辐射。孩子们甚至被教导要在学校的课桌下避难。

这些核武器库是否能防止全面战争是一个没有答案的问题。1955年,美国总统德怀特·D.艾森豪威尔(Dwight D. Eisenhower)警告了他的苏联同行,认为这样的战争可能会使一切北半球的人类生命都消失在地球上。正是因为担心核破坏的威胁,艾森豪威尔放弃了在东欧"击退"苏联力量的政策。相反,这些超级大国们与对方的盟友进行了规模较小但代价巨大的间接战争,如朝鲜战争和越南战争,但却没有动用他们的全部力量。然而,艾森豪威尔确实威胁过要使用核武器,以便在中国军队介入后结束朝鲜战争(1950—1953)。在1962年古巴导弹危机的美苏对峙期间,苏联在靠近美国大陆的古巴部署了导弹,核武器的使用也一度显得风雨欲来。最后,苏联人撤回了他们的导弹。

"我已成为死亡，世界的毁灭者。"

J. 罗伯特·奥本海默（J. Robert Oppenheimer），负责开发第一颗原子弹的科学家，他于1945年在新墨西哥州的沙漠中目睹了第一次爆炸试验。此处他引用的是印度史诗《博伽梵歌》

20世纪70年代，作为缓和（美苏关系的谨慎改善）的一部分，人们开始将目光投向了核限制协议。在达成早期协议后，两个超级大国之间的关系有所僵化，但从80年代末开始，两国转而制定新的、更全面的协议，这些协议帮助实现了冷战的结束。

相反地，焦点转向了对核扩散的担忧上，因为其他国家，包括极具侵略性的"流氓"国家，甚至是恐怖组织，都有可能获得使用核武器的能力，而这一点相当危险。除了美国和俄罗斯（现在也是

1952年，美国在一个偏远的太平洋环礁上进行了第一次氢弹爆炸的试验

如此），现在拥有核武器能力的国家名单中有中国、法国、英国、印度、巴基斯坦、朝鲜，据说还有以色列。核扩散的未来是不可预见的，除此之外还有一个令人担忧的境况，那就是细菌和化学武器的使用，或者将常规爆炸物和放射性物质结合起来的技术含量较低的"脏弹"。

核时代也见证了核能的发展，它是一种用于发电的和平工具，起初被视为一种先进的、污染较少的煤炭替代品。然而，一系列事故，特别是1986年乌克兰（当时是苏联的一部分）切尔诺贝利反应堆的爆炸，导致了人们对辐射泄漏这一潜在危险的担忧。2011年，日本福岛核电站被地震破坏，对核能威胁的恐惧再次浮出水面。而真正的困局是，如果核能能够做到安全，它将提供一个相对环境友好的方案；而这个"如果"到底包含着多大的不确定性，则仍是一个争论不休的话题。

冷战蔓延

1945年到1989年，以苏联为首的共产主义集团与以美国为首的反共产主义集团之间处于对峙状态，定义了那一时期的国际强权政治局面。这包括军事、政治、意识形态、文化和经济等多方面的对峙。

冷战迅速蔓延到了全世界，随着人类首次登上月球，竞赛甚至延伸到了太空。国家间竞赛的动因，是各国在人类繁荣最佳方式这一问题上有着不一致的意识形态和观点。共产主义评论家提出了一个由苏联领导的平等形象，以此作为进步的标准，而反对的声音则认为，共产主义本质上是极权主义，资本主义才是通往自由的真正道路。双方都走向了极端：美国人担心会发生多米诺骨牌效应，使越来越多的国家选择共产主义道路；苏联控制了东欧，反映其想要建立一个军事缓冲区的愿望，以保护"祖国"安全，比如纳粹的入侵就夺去了大约2000万苏联公民的生命。

第二次世界大战结束后，西方和苏联合作击败了纳粹德国，按照苏联解放区和盟军解放区，欧洲被大致划成了两个部分。这一分割被称为"铁幕"，并在40多年间以一条高度军事化边线的形式，将西欧和东欧分割了开来。1945年，德国及其首都柏林被划分为军事占领区，西方盟国（英国、法国和美国）控制西部，苏联控制东部。西德和东德在1949年分别成为独立的国家，而1961年柏林墙的修建加剧了柏林的分裂。

在1945年2月举行的雅尔塔会议上，西方盟国事实上将东欧（希腊除外）作为一个其势力范围授予了苏联。在其他地方，共产党人试图在伊朗、希腊、马来亚和菲律宾夺取政权，但都没有成功。1949年，苏联的扩张政策促使北大西洋公约组织（NATO）成立，这是一个由北美和西欧部分国家组成的防御联盟，旨在打击苏联向欧洲的进一步扩张。苏联以1955年的《华沙条约》作为回应，根据该条约，苏联与阿尔巴尼亚、保加利亚、捷克斯洛伐克、东德、匈牙利、波兰和罗马尼亚结盟。

在这种紧张的气氛下，北美和西欧的军事开支在20世纪50年代初大大增加。

"每造出一门炮，每有一艘军舰下水，每发射一枚火箭，终究都意味着从那些食不果腹、衣不蔽体的人那里偷窃。这个武装起来的世界并不只是在花钱。它是在花费劳动者的汗水、科学家的创造力和儿童的希望。"

美国总统德怀特·D. 艾森豪威尔（1953年4月16日）

冷战见证了许多其他类型的对抗和冲突，从越南战争和核军备竞赛，到在中东、撒哈拉以南的非洲和中美洲爆发的战争。这些区域性战争至少部分是冷战的产物，尽管起到更多作用的是地方性问题。在越南，美国介入了一场长期的代理战争，但未能阻止共产党的胜利。20世纪70年代初外交政策的调整减轻了失败的损失，并迎来美国和中国之间的合作，这标志着继20世纪60年代初苏联和中国在意识形态上的决裂后，苏联力量的进一步削弱。

在苏联1979年军事干预阿富汗局势后，美国和苏联之间的紧张关系再次爆发。在中子弹和"星球大战"卫星防御系统等项目上，美国总统罗纳德·里根（Ronald Reagan）大规模增加了美国的开支。

冷战后的世界

1991年苏联的解体激发了许多关于世界新秩序的讨论。这一秩序由美国领导，并在美国的军事实力下得到了加强，在全球范围内进一步传播了美国经济的自由主义模式——这一模式致力于自由市场、放松金融管制和国有资产私有化。

然而，美国在21世纪初遇到了激烈的反抗。在伊斯兰世界，美国及其盟友与一系列反对者发生了冲突。原教旨主义者经常将恐怖主义作为一种策略，而最引人注目的行动就是2001年9月11日对纽约和华盛顿的袭击，他们在袭击中劫持了客机，并将其作为武器。原教旨主义者把西化说成是一种敌视伊斯兰教的行为，是全球化的"十字军"力量，并利用起了民众对所谓"西化"的敌意。美国对9·11恐袭事件的最初反应是在阿富汗和伊拉克发动战争，后来又支持中东其他地区的民众叛乱。这两种策略都没有带来和平，该地区的内部和外部均出现了反弹势力，这迫使美国开始重新评估其对"不对称不稳定"世界的军事和外交策略，在这个概念上，美国的主要敌人可能是小型武装团体，而不是其他超级大国。

与此同时，其他大国也有了更强的实力。中国的经济主要基于制造业，此时正经历着快速扩张。同时在俄罗斯，苏联解体后的动荡也已经开始消退。这些权力的转移削弱了美国能力。

其他国家的经济也在不断发展。例如，印度的经济增长率在2015年超过了中国。与美国的经济和政治方针相比，印度在经济上不那么自由，且统合主义色彩更浓。

仅仅关注美国与其他国家之间的紧张关系，有可能淡化世界各地冲突的其他来源。不过，使用暴力来确保政治成果，是各地的共同特征。整个中东、欧洲和非洲的国家都经历了内战和内部冲突。仅在刚果民主共和国，自20世纪90年代以来，内战已造成500多万人死亡。这种冲突结合了激烈的种族分歧、非洲邻国的干预，以及对珍贵自然资源控制权的激烈竞争。从这些角度来看，21世纪的世界看起来就像20世纪的世界一样令人沮丧，军事冲突和局势动荡是世界上许多人的日常生活。

金砖国家

21世纪第一个十年末和第二个十年初，随着一些国家开始发挥更重要的作用，世界经济的排名出现了新的情况。其中，最具代表性的是"金砖国家"——巴西、俄罗斯、印度、中国和南非，其次是"薄荷四国"——墨西哥、印度尼西亚、尼日利亚和土耳其。美国和欧洲似乎处于危机之中，以上这些国家却在蓬勃发展。然而，到21世纪第二个十年中期开始，中国经济的增速放缓，而俄罗斯遭受了重大的收入损失，这部分是由于石油价格的暴跌，部分是其源于国际社会对它的制裁。这些发展使人们对许多经济体和国家的未来产生了怀疑，其中就包括以石油为经济支柱的中东地区。

信息革命

在过去的500年里，信息的总量和分布范围都有了很大的扩展。每一项新技术——从早期的印刷术到大规模生产的书籍，再到电报、电话、广播、电视、通信卫星和计算机——都对人类社会产生了巨大的影响。

21世纪点燃了一场新的信息革命，因为互联网放大了计算机的影响，将曾经无法想象的大量信息传递给任何拥有手机或其他便携设备的人。

计算方法（computing methods）在第二次世界大战之前就已经开始使用了，但战争期间破译敌方密码（尤其是德国的恩尼格玛密码）

的需要，才推动了计算理论和计算机器的发展。早期的计算设备执行的是专门的任务，直到1946年，美国人才在军方的资助下制造出第一台通用计算机。从那时起，军事方面的需求给计算机技术的许多进步提供了资金。

起初，计算机是笨重且昂贵的设备。硅晶片等创新技术使计算机和计算机化的设备变得足够小、价格足够低，设备因此获得了大众市场，此时最大的变化出现了。

从20世纪70年代末开始，计算机作为办公用具和家庭设备开始普及。20世纪60年代，基于对强大的计算机通信网络的研究，互联网诞生了，继而在20世纪80年代随着互联网协议套件（允许计算机进行信息通信的网络模型）的发展而又迈出了一步。1989年万维网的发明向更多人开放了互联网，同时也使电子邮件的发展成为可能。对许多用户来说，它已经完全取代了邮局寄信的通信方式。

网络计算的改进，使得相互连接的机器能够作为一台更强大的机器工作，这极大减少了超级计算机的运行费用。这种技术是在20世纪90年代发展起来的，它是后来"云计算"方法的前身。通过云计算，大量的机器能够连接起来。计算机的普遍使用会产生"云"，而它正是利用了"云"中存在的处理能力，并不需要那些计算机实际存在。这种做法极大地推动了小型计算机的发展：小型化在普及移动电话、笔记本电脑和便携式媒体播放器等新消费品方面至关重要。

"网络空间是我们打长途电话的地方。网络空间是银行存储你钱的地方。网络空间也是你医疗记录储存的地方。所有这些东西都在某个地方。思考其地理位置真的毫无意义。信息是超地理的存在。"美国科幻作家威廉·吉布森（William Gibson）在1995年接受采访时如此说道。

吉布森在1982年的一篇短篇小说中首次使用了"网络空间"（cyberspace）这一术语，以表述计算机网络的"大规模共识性幻觉"

信息革命利用了文化和商业因素以及技术的进步。对这些产品的需求源于更高的识字率和更多的财富，以及更低的生产成本。1900年时，世界范围内人们的识字水平较低，此后一直稳步上升。人均财富的提升也使人们更容易获得新的设备，以及它们所包含的数据世界。这种财富的增长在中国和印度特别明显，在其他诸如东非等新技术使用率增长的地区也可以看到。

除了现在一触即发的信息洪流之外，计算能力、处理速度和数据存储能力也在成倍增长。世界上有超过20亿人可以使用互联网。YouTube用户每分钟会上传总计约50小时的视频，而Facebook用户则能分享总计约70万条内容。未来的进步可能会扩大"物联网"，因为越来越多的设备被连接到互联网并通过它运行，从汽车到心脏监测器和家用电器，应有尽有。经济生活中，有越来越大比重的资本会被用于开发和营销与计算机相关的商品和服务，而在十几年前，没有人能想象到他们会想要或需要这类产品。

> **控制互联网**
>
> 信息技术的传播引起了人们对一系列关于开放访问和控制权限等问题的新关注，特别是当互联网成为一个更具政治性的媒介时。虚拟社区的建立不需要考虑距离、国界或社会习俗，互联网成为一系列从约会到政治动乱等人类互动的焦点。

那些想压制这种新型自由的国家往往把重点放在监视和审查上。同时，在恐怖主义和类似的威胁下，国家往往是被动的。人们对此感到了真正的担忧。而这类威胁的早期迹象可能会通过监控电子邮件和社交媒体上的信息来发现。

很显然，保护公众安全和个人隐私之间的冲突在未来也将继续存在。政府已经在寻求获取加密信息的方法，而技术公司则试图为那些有需求的人提供隐私，同时普通用户则面临着如何更好应对这些挑战的两难选择。

生物科学的承诺

几千年来，人类一直在重塑世界上的其他物种。无论是多汁的苹果还是更肥的羊，我们都在通过选择性育种创造着具有期望特征的植物和动物品种。19世纪时，奥地利修士格雷戈尔·孟德尔（Gregor Mendel, 1822—1884）通过豌豆植物的实验建立了遗传的基本规则，这使人们对选择性育种的科学基础有了更清晰的认识。

一旦孟德尔的成果被更多人知道，它就能改变20世纪的农业，并引发所谓的"绿色革命"。改良后的作物品系——结合大规模生产的化肥和杀虫剂、机械化和灌溉的更多使用——推高了粮食的平均产量。在人口最多的亚洲大陆，从1969年到2007年，随着新品系的开发，大米的价格平均每年会下降4%。即便如此，营养不良在发展中世界仍很普遍，尽管其原因往往是资源分配不均，而不仅仅是出于食物供给的不足。

农业科学能取得的成就是有限的。在20世纪50年代和60年代，苏联试图将大草原改造为种植棉花和小麦的田地。然而，其大规模的灌溉计划需要从咸海的河流中引水，这使得这个世界第四大湖泊的水量缩减到只有其最大水量的10%，并破坏了该地区的生态系统。在许多地方，单一作物（为了提高效率而将大片地区用于种植仅仅一种作物）的蔓延导致了生物多样性的下降，并促进了某些害虫的繁殖。化学肥料和杀虫剂越来越多地影响到被消费的作物，也波及了供水、食物链和大气等层面。

农作物的基因改造也带来了问题。许多科学家认为，对作物进行基因改造，以便让它具有更强的抗病性或降低对杀虫剂的需求，有可能增加粮食产量，并结束饥饿。虽然缓解了食用转基因作物可能会对人类健康造成潜在影响的担忧，但人们担心基因改造可能会在植物物种之间转移，最终造成不可预测的后果。转基因的研究和生产主要是由大公司完成的，人们担心它们可能专心于从其专利产品中获利，而不考虑人类更普遍的福祉。

应用于人类健康的基因工程也是一个需要重新研究和辩论的问题。我们绘制个人遗传密码的能力越来越强，并能通过某些技术来改变一个生物的基因构成。2015年，中国科学家重新编辑了人类胚胎的DNA，从而修改了一种致命性血液疾病——地中海贫血症的基因。最近的表观遗传学研究了可遗传的突变（有时源于环境），这些突变影响了基因的工作方式——即它们的"表达"，但不会改变DNA本身。研究人员不断发现表观遗传因素在各种人类机体紊乱和致命疾病中的作用。例如，它可能会导致某大类癌症的扩散。

"对植物或动物物种的遗传操作使公司能够通过实施工业专利，

成为后续生产的所有改性植物和动物的所有者……一个公司可以成为整个物种的所有者。这就是工业应用于生命的逻辑。"

法国绿党政治家若泽·博韦（José Bové）《这世界是非卖品》（2002年）

克隆动物与它的父母一方有着相同的基因。21世纪初，克隆技术的发展既带来了新的可能性，也带来了伦理上的困境。2015年时，中国有企业已经计划建立一个克隆工厂，以蓄养大量的肉牛和乳牛。与此同时，欧洲议会对食用类克隆动物实施了禁令。人类克隆甚至更有争议性。生殖性克隆将用克隆细胞创造一个完整的人。这在许多国家是完全被禁止的。治疗性克隆——即复制单个细胞——则因为具有拯救生命的作用而具有医疗应用方面的潜能，但基于伦理或宗教理由，它被反对使用人类胚胎干细胞的人所抵制。

纳米技术（"纳米"这个词缀意味着十亿分之一）是另一个可能改变未来技术和医学的领域。制造小到一个分子甚至一个原子的功能机器，这在很大程度上仍然是一个理论层面的设想，尽管它是人们高度研究的课题。现在已经可以制造出直径只有几百个原子的晶体管，而且在创造和操纵能在纳米尺度上使用的材料方面已经取得了进展。随着纳米技术的发展，其可能的应用范围包括诊断疾病和修复细胞损伤。

一个引人注目的未来预期是使用人工植入物来恢复甚至增强人体功能。我们已经在使用外部设备来达到类似目的，如助听器等，还有一些内部装置或一体化设备，如人工心脏起搏器、假肢和人工耳蜗。在创造脑机接口方面，我们也已经取得了进展，这些设备可以映射、增强或修复感官功能。"超人类"思想家认为，我们终将能把自己变成具有类似先进能力和功能的人——我们将成为"后人类"。

国际主义、全球化和民族国家的未来

为了建立一个有效的国际秩序体系、减少战争风险和解决其他国际问题,20世纪的人们做出了许多尝试。19世纪,红十字会和第一个《日内瓦公约》,代表了各方向达成战时行为的共识迈进了一大步,但第一次世界大战后的国际联盟,才是第一次建立一个泛国家组织的重大尝试,其使命是防止战争并解决和平时期的未决问题。

国际联盟成立于1919年,早期取得了成功——例如,它处理了1922年至1923年在土耳其爆发的争端所造成的人道主义危机。它还试图在道德问题上采取行动:1926年,联盟定义了奴隶制,并将废除奴隶制作为成员资格的条件。但事实证明,它对1931年日本入侵中国东北和1935年意大利入侵阿比西尼亚(埃塞俄比亚)的回应是无效的。联盟几乎没有得到国际社会的配合。各国藐视其制裁和仲裁的请求。一个严重的结果就是20世纪20年代和30年代裁军谈判的失败。欧洲大国继续重建它们的武器库,这反过来又削弱了国际社会对联盟的信任,怀疑它阻止未来可能爆发的冲突的能力。

"我最早的记忆之一是沿着一条泥泞的道路走进山区。当时正下着雨。在身后,我的村庄正在燃烧。有学校的时候,学校就开设在一棵树下。然后联合国来了。他们为我、我的家人和我的社区提供了食物。"

联合国秘书长潘基文(2011年)

第二次世界大战标志着国际联盟的最终失败。1943年，美国、苏联、英国和中国为后来的联合国奠定了基础。然而事实证明，联合国往往是一个加剧冷战紧张局势的论坛，而不是解决问题的办法。其他新的机构包括世界银行、国际货币基金组织和关税与贸易总协定（GATT）。它们有助于全球金融体系的增强和全球贸易的增加。其他联合国机构则包括联合国难民署（UNHCR）、世界卫生组织（WHO）和专为保护世界文化遗产而设立的联合国教科文组织（UNESCO）。

联合国最坚实的成就之一，就是使世界各国政府能齐聚一堂，讨论各自的问题和不满，并使之成为一种常态化的标准模式；因此它维护了国际法的概念。但是，联合国安理会的构成使五个常任理事国（中国、俄罗斯、法国、英国和美国）中的任何一个对决议都拥有一票否决权。这可以被看作是不民主的，并往往会导致常任理事国在有特殊利益的危机的时候选择不采取行动。

联合国通过其设在海牙的国际法院，成功地起诉了波斯尼亚塞族领导人拉多万·卡拉德（Radovan Karadžic）等战犯。其他成功案例包括教科文组织对加拉帕戈斯群岛脆弱的生态系统的保护。联合国也曾多次采取行动，以减轻战争和饥荒造成的损失。而它著名的失败案例则是其维和部队未能阻止1994年的卢旺达种族灭绝，1995年波斯尼亚塞族部队在斯雷布雷尼察对波斯尼亚穆斯林男子的屠杀，以及其他类似的暴行。

一些人认为，通过联合国建立的国际政府代表着未来的趋势，但现实是，像俄罗斯和美国这样的大国仍然会遵循自身的利益行事，它们只有在对自己有利时才会倾向于遵守国际主义政策。这意味着许多国际问题和冲突仍然需要通过个别民族国家之间的合作来处理。

然而，民族国家的主权也面临着重大挑战。国家政府的权力会受到国界以外因素的制约。像欧盟这样的国际集团最初是自由贸易区，但现在已经转变为了跨国组织，其成员必须遵守内部的法律法规。大多数国家都签署了对本国政府有约束力的国际协议。

经济全球化将大公司置于跨国层面上，也削弱了民族国家的力量。他们可以在一个国家赚取大部分收入，同时在那里避税。而当他们认为某国民选政府的政策会减少其利润时，它们可以拒绝在那投资（比如拒绝建厂），或者干脆放弃这些市场。由于通信变得越来越便利，大众媒体（例如电影、电视和流行音乐）的影响面不断扩大，以及以共同兴趣为基础的跨国社区在社交媒体上的建立，文化也开始向全球化发展。作为一种相对较新的人类社会组织形式，民族国家制度是否会长期存在，仍然是一个开放性的问题。

"我们今天面临的核心挑战，是确保全球化成为全世界人民的积极力量，而不是将数十亿人留在贫民窟中。"

联合国秘书长科菲·安南（Kofi Annan，2000 年 4 月）

普遍意义上的人权？

人权的概念至少可以追溯到启蒙运动时期。公民拥有个体意义上的权利，他们只是为了普遍的利益而服从政府的统治，这种想法是社会契约的基础。这一概念激发了美国革命和法国大革命，它们的革命者都起草了有关公民权利的声明。

1948 年，联合国通过了《世界人权宣言》，并继续发布了进一步的权利声明。1953 年，比欧盟规模更大的欧洲委员会推出了《欧洲人权公约》，所有 47 个缔约国的公民都有权向欧洲人权

> 法院上诉。在这些文件中,权利通常保护个人免受政府干预,并保证言论自由、公平审判、隐私、家庭生活和平等。其他权利,如免于饥饿的权利和受教育的权利,则可能需要政府采取积极的行动来落实。
>
> 有时被称为"文化相对论者"的批评者,攻击普遍人权的想法是新帝国主义的一个表现,西方民主派和自由主义者将他们的价值观强加给世界其他地方,而忽视了当地的传统和习俗。
>
> 这种观点的反对者希望每个人都能得到相同的待遇。例如,他们可能会指出,就像世界上许多社会那样否认或阻止两性平等,其实只是保护了父权制的权力结构。可为其辩护的空间就像奴隶制一样几乎不存在。

人口的发展趋势

在过去的一个世纪里,世界人口的规模和看上去势不可挡的增长,考验着资源和需求之间的复杂关系。

人口增长的趋势在近几十年来最为明显。到2025年,世界人口预计将达到81亿,2050年时会达到97亿。这种前所未有的增速,是出生率和婴儿死亡率的降低,以及预期寿命的延长等因素的结果。它们反过来印证了人们享有更好的生活条件和医疗保健。而且人口的增长是指数级的:如果一对夫妇有两个以上的孩子,而且每个孩子都会抚养两个以上的子女,那么人口将以越来越快的速度增长。

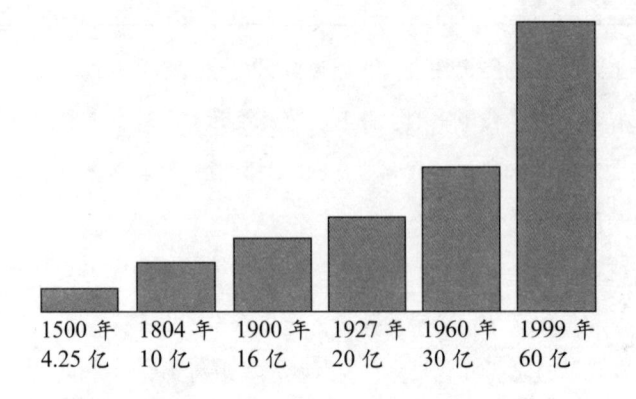

1500年	1804年	1900年	1927年	1960年	1999年
4.25亿	10亿	16亿	20亿	30亿	60亿

20世纪中期以来，有效避孕方法的普及使夫妇们能够控制他们的家庭规模。通常情况下，在教育程度和生活水平较高的国家，夫妇会选择拥有数量更少的子女，这样国家的总人口会持平甚至下降。在较贫穷的国家，人们受教育的机会较少，并且可能指望子女会给他们养老，这样的国家里人口通常会上升。

世界上曾有过几次强制性计划生育的尝试。印度在1975到1977年间开展了一场强制绝育运动，而中国曾限制每个家庭只能有一个孩子，这一政策一直持续到2015年才被废弃。发展中国家面临的一个关键问题就是妇女的教育：在妇女有机会受到教育的地方，她们会更倾向于晚婚和晚育。

在那些出生率一直在下降或静止不动的国家，人们主要担心将没有足够的劳动力来支撑老龄化的社会。比如，对日本来说这就是一个主要的问题。在一些接近人口零增长（ZPG）的国家，例如匈牙利和意大利，人口的增长主要或仅仅依靠移民来实现。

早期经济学家曾经预测，无节制的人口增长将导致粮食短缺和不可避免的饥荒。但许多人认为，饥荒不是因为种植的粮食太少，而更有可能是由世界各地经济的结构性失衡造成的。然而事实却是，当人口变得越富有——如过去两个世纪的西方，他们就会使用越来越多的资源。资源的消耗可能会表现为化石燃料的使用，这是为了产生更多的电力，并为更多的汽车提供动力，而这会导致全球变暖；它也能表现为更多的肉类消费，这是一种从土地上生产热量的方式，但极其浪费。近来，大多数政府和经济学家都将永无止境的经济增长视为人类的目标，但在未来，我们可能会被迫寻找更多的可持续方式来管理对土地和自然资源的使用。

移民的热潮

20世纪，在推拉因素①的影响下，移民率上升。拉动因素体现为便利的航空旅行和更加舒适的陆路和海路交通，推动因素则来自于武装冲突和政治、种族或宗教迫害，来自贫困，也来自如干旱和洪水等自然灾害。

在过去的一个多世纪里，移民模式是多样且复杂的。国与国之间的移民潮往往会吸引最多的注意，特别是在涉及民族身份的时候。但随着工业化进程的加快，许多移民行为是在国家内部发生的，尤其是从农村到城市。对许多年轻人来说，无论是战争还是和平时期的征兵，在军队中服役都打破了他们与乡村的联系。美国国内的

---

① Pull and push factors，反映游客出游动机的一种模型。旅游行为的形成是以下两种因素共同作用的结果：一种是推力因素，促使游客离开居住地的个人和社会因素，另一种是拉动因素，对旅游者产生强烈吸引力的目的地的某种特征。移民语境下指的是促使人脱籍和入籍的因素。

普遍移民反映了经济机会的多样和退休模式的选择。人口会从东北部和中西部的铁锈地带（那里的重工业正在衰退）向西部和西南部的阳光地带，以及向佛罗里达和北卡罗来纳州转移。

各个经济体在对待移民的方式上也有很大差别。例如，中东和东非部分地区的巨大难民营与美国形成了鲜明的对比，因为美国吸引了大量来自拉丁美洲的经济移民。从20世纪50年代开始，也有类似的移民潮，如土耳其工人流向西德，葡萄牙人流向法国等。到1973年，西德有12%的劳动力是在外国出生的。在波斯湾地区富裕但人口不多的国家里，外国国民的数量超过了本土的劳动力。

难民

联合国1951年的《难民公约》将难民定义为因迫害、战争或暴力，或由于种族、宗教、国籍、政治观点或从属于特定社会团体而有正当理由感到畏惧并被迫逃离本国的人。在整个20世纪和21世纪，战争制造了大量的难民潮。仅第二次世界大战就使约6000万人成为难民。2004年，全世界估计有3750万难民。到2014年底，这一数字已上升到了6000万，其中近三分之二是在本国内流离失所的人。大多数国家都签署了《难民公约》，因此理论上它们应该承认自己肩负有相应义务，并要向最终在其境内的难民提供庇护和照顾。同时，许多国家也做出了相当大的努力，以防止难民首先抵达他们的海岸。

这些移民工人通常不会在移民国永久定居——事实上，德国人称他们为客工（Gastarbeiter）。这与那些逃离迫害的移民形成了鲜明对比，因为后者不能返回家园。这方面的例子包括胡格诺派教徒——

被信仰天主教的路易十四逐出法国的新教徒——他们在17世纪末定居在英国；还包括在20世纪30年代逃离纳粹德国的犹太人。

环境因素和军事冲突继续刺激着移民的流动，与此同时，世界各地的民族国家在吸收不同人群及其文化方面将会面临越来越多的政治和经济挑战。在面对这些挑战时，我们也要记住，我们都同属于人类，我们都生活在同一颗小星球上，我们只是恰巧用一些随意的线条划定了边界，将星球分割成了数个部分罢了。

经济的发展

第二次世界大战的浩劫过后，西方的生产和消费水平都急剧上升。"长期繁荣"从1945年持续到了1973年，是一段工业和经济进步以及高就业率的时期。

美国生产了大量物美价廉的消费品。它成为一个全民富裕的社会，好莱坞和电视传播着美式生活的积极形象。西德、日本和韩国也在强大出口的基础上实现了经济的高速增长。技术发展对全球的影响比过去快得多，比如尼龙和聚酯等合成纤维的发展。制造业的增长不仅改变了发达国家，也改变了发展中世界，那里的产出急速上升并变得更多样化。

经济增长将财富和购买力普及到了每个角落。随着越来越多的人离开他们长大的土地，找到新的工作、住进新的房子，并有了更大的经济独立性，他们成为"消费者"；对他们来说，购物和时尚成为休闲消遣的方式。一个用完即扔的社会在商品磨损之前就将它们丢弃。长期繁荣也促进了雄心勃勃的社会计划的开展，因为收入水平的提高使政府获得了更多的税收。

随后是更多的困难时期，20世纪70年代、80年代早期、90年代早期以及21世纪第一个十年末到第二个十年中期之间，都出现了严重的经济衰退。在20世纪60年代，世界各地不同的通货膨胀率给国际经济带来了压力，这导致了1944年建立的固定汇率的布雷顿森林体系的崩溃。1971年，美国出现了20世纪以来的第一个贸易逆差。中东的政治危机导致了1973年至1974年石油价格的急剧上升，并促成了"滞涨"，即生产停滞和通货膨胀的混合状态，这加剧了经济的不确定性，使其更加萎靡不振。

然而，大多数和平社会仍然享受着生产力的长期增长。至少从获得商品和服务的角度来看，世界变得更加富裕了。全球经济的增长受到了创新的刺激，特别是新兴需求市场的创造，如个人电脑。同时，经济的平衡也发生了变化，从医疗到购物等部门都更加要求服务的提供。全球人口中，食品和衣服等必需品生产的比例变小，这意味着有更多的劳动力可以从事其他工作。平均财富的增加意味着会有更多的钱花在服务上，而这也助长了国家提供自己服务的权力。

商品和服务领域的侧重点也发生了重大转变。在工业生产中，电子产品的份额增加了，而更传统的重工业和纺织业则下降了——至少在西方是这样。

工业领域也出现了重大的地理变化。20世纪50年代时，主要的工业地区是西欧、美国和俄罗斯的欧洲部分，但从60年代开始，东亚的工业产出明显上升，首先是日本，然后80年代后是中国。中国在21世纪第一个十年成为世界第二大工业生产国，到第二个十年时成为最大工业生产国，尽管它的工业产出更依赖出口而不是国内市场——2005年，美国与中国的贸易逆差为2020亿美元。在与中国和其他制造商的竞争中，美国制造业面临的问题反映在了美国家庭的收入中位数上，从 1989 年到 2014 年，美国家庭的实际收入或多或少地停滞了。相对而言，除机床和药品等利基领域①外，欧洲的高工资生产商有所减少，凭借其积累的资源、技术和财富，欧洲仍然是一个重要的经济区。

"在这个新市场中……数十亿的资金可以在几秒钟内从一个经济体中流入或流出。这种货币力量变得如此强大，以至于一些观察家看到游资②集团正在成为阴影中的世界政府——它正在无可挽回地侵蚀民族国家主权权力的概念。"

《商业周刊》（1995 年 3 月 20 日）

在未来的经济挑战中，有两个问题将会非常突出。世界将如何在有限的自然资源和环境因素中实现经济增长的目标？当发展中国家的人民对财富和消费的期望上升时，他们将如何找到与其经济水平之间的平衡？ 2008 年开始的国际金融危机至少部分是由不负责任的银行贷款，以及日益复杂的金融工具的创造所引发的。自那之后，各国政府的一项紧迫任务是规范和监管全球金融部门，以减少未来金融危机的影响。

---

① Niche areas，指高度专门化的专业市场和领域。
② 也叫"热钱"（hot-money），为追求高额利润而流动的短期流动资金。

环境问题对世界的影响

20世纪60年代起,环境政治成为更加突出的议题。许多国家发起了"绿色"运动,并成立了相应政党,许多现行政党也采取了环境友好的政策。越来越多的人也认识到,环境问题需要全球行动。

一些在20世纪后期获得关注的环境问题,其实在几千年前就已经埋下了隐患。例如,欧洲的森林砍伐是随着新石器时代农业的到来而开始的。随着欧洲人在世界其他地方定居,人口压力给环境带来了类似的影响,如清除大片的热带森林来养牛或用于生产大豆、棕榈油等。在其他地方,人们毁掉森林来建造水坝、生产水电。热带森林除了是生物多样性的巨大宝库外,还是巨大的碳汇,可以减少大气中二氧化碳(占比最大的温室气体)的数量。自工业革命以来,煤炭和石油等化石燃料的使用量大幅增加,这些燃料的燃烧将二氧化碳释放到大气中,使得这些气体不断积累,总量不断攀升。

多数情况下,人类活动对环境造成的损害并不局限在一个国家或地区内。污染物会被风和洋流带到世界各地。温室效应也是全球性的:像二氧化碳这样的气体在大气中积聚,就像温室的玻璃窗,阻止热量从地球上逸出。随着两极的冰帽开始融化,反射太阳热量的冰块减少,地球吸收的热量就更多,这是一个正反馈循环。随着北方大片苔原永久冻土层的融化,越来越多的甲烷(另一种温室气体)被释放到大气中。极地冰的融化也提高了海平面,并有可能淹没世界各地人口众多的低洼地区。从某些地区的干旱(会导致荒漠化),

到其他地区的风暴以及破坏性洪水的频发，全球变暖还会导致剧烈的气候变化。

对全球变暖的关注，促成了1992年里约热内卢地球峰会的举行。会议上商定了《气候变化框架公约》，这反过来又促成了1997年《京都议定书》的签署。根据该议定书，主要工业国家将大幅减少其温室气体的排放。但事实证明，在如何执行条款方面，各国很难达成共识。主要的污染者是新兴的工业化国家，他们认为自己应该比那些已经工业化的国家（例如欧洲和北美）承担更小的负担。2001年，美国拒绝履行《京都议定书》，因为其排放量在20世纪90年代急剧上升。然而，2015年在巴黎举行的国际会议上，各国又取得了共识，同意采取进一步的措施来限制全球变暖。

其他形式的空气污染也非常严峻。酸雨毁坏了树木、河流和湖泊。火力发电站和其他工业过程中排放的二氧化硫和二氧化氮造成了酸雨。这些化学物质与大气中的水分相结合，形成低浓度的酸（硫酸和硝酸），以雨的形式落下。20世纪末斯堪的纳维亚半岛的湖泊

雅加达的一个垃圾填埋场

和森林被酸雨严重破坏，而那主要是南部的德国及其他地方的工业活动造成的。随着对这一问题认知的加深，人们也采取了一些行动，例如，安装过滤器以减少发电站的有害排放。

无铅汽油和汽车尾气的催化转换器也降低了酸雨的水平。但是，随着汽车和卡车在世界范围内的激增，其排放物对人类心脏和肺部的威胁也在增加。一些城市，如巴黎和德里，已经试图通过规定车辆限行日来减少这种污染。其他能够威胁到人类健康的大气则由微小的颗粒构成，比如由燃煤发电站、柴油机尾气、建筑灰尘和燃烧农作物废料产生的颗粒。到2015年为止，仅在欧洲范围内，每年就有超过约40万人因城市空气污染而早亡。

消费主义社会也制造了越来越多的垃圾，其中许多是不可生物降解的，而有些则是有毒的。事实证明，海洋中微小塑料颗粒（通常来自塑料瓶）的扩散对各类的海洋生物是致命的。钻井平台或受损油轮的石油泄露也造成了灾害。从垃圾处理类基础设施的不足，到诸如人工化肥扩散等农业实践，人类活动影响到了淡水体及其相关生态系统。一些人造垃圾会以食物垃圾的形式存在，使老鼠、狐狸，甚至某些地方的北极熊等动物通过翻找我们的垃圾桶而膘肥体壮，过上相当快活的日子。

"只有在本世纪这一时间段内，某个物种才会获得改变世界性质的重要力量。"

雷切尔·卡森（Rachel Carson）《寂静的春天》（1962年）。

这是第一本强调化学杀虫剂对自然界影响的书

其他许多物种发现它们的环境被人类活动改变了，再加上狩猎，这在最近几个世纪内造成了很高的灭绝率。同时，一些物种在我们的干预下茁壮成长，特别是那些人类传播到世界各地的"外来"物种，无论是出于实用还是装饰目的，人类在携带它们的时候都没有预见到可能的后果。海蟾蜍、兔子、杜鹃花、葛藤、灰松鼠以及更多物种，都使得它们的宿主生态系统失衡了。

越来越多的科学家认为，在深时①的概念下，我们正处于一个新的地质时代，这一事实凸显了人类在地球大历史中的作用。他们将此称为"人类世"（由希腊语前缀 anthropo-，"人类"，和 -cene，"新的"，组成）纪元。在这个时代，人类活动对地球的生态系统和地质学产生了全球性影响。有些人将这个时代的开端追溯到几千年前农业的开始；有些人认为它始于大约 200 年前的工业革命；而另一些人则认为要更近：1945 年 7 月 16 日原子弹的第一次试爆。

人类的未来

无论是为了自己还是为了后代，人类总是想知道未来的模样。世界各地的宗教都提出了不同的答案。印度教认为，存在是在巨大的时间轮回中无限延伸的，在这个轮回中，个人的灵魂会无休止地转世。其他信仰，如基督教则会设想一个明确的（但不可知的）时间段，人类在地球上生活的终点会是一个世界末日，接下来便是无尽的永恒，在这个过程中，好人会被带上天堂，而恶人则被扔下地狱。

---

① Deep time，18 世纪苏格兰地质学家詹姆斯·赫顿提出的地质时间概念，指的是地质事件所跨越的时间尺度，它比人类生活和人类计划的时间尺度要大得多。

然而，今天的许多人可能会从科学家的预测和模型中窥见人类和地球可能经历的未来。关于气候变暖及其对地球上的生命可能造成的影响，这一议题已经引起了人们的关注。2015年11月，世界气象组织表示，该年将是有记录以来最热的一年，主要原因是人为排放。2016年2月的全球平均气温比1951年至1980年同期平均气温高1.35℃。2015年气温的上升可能部分是由厄尔尼诺现象引起的，厄尔尼诺是一种自然的动态天气模式，以太平洋海面温度的升高为特征；事实上，该年的厄尔尼诺现象是有史以来最强烈的一次。

世界各地的国家和人口间存在着诸多利益冲突，这使得不仅在气候变化方面，在其他重要问题上各方也很难达成国际协议。不断上升的人口数给许多地区造成了环境压力。对石油等资源的竞争已经引发了广泛的冲突。虽然化石燃料的燃烧会导致全球变暖，但石油仍然支撑着全球经济的大部分部门，也支撑着亿万人的生活。除非在开发新兴可持续能源方面投入更多努力，否则石油储备的最终枯竭很可能会对我们许多人的生活方式产生极具破坏性的巨大影响。

在未来，其他自然资源，比如淡水，也可能会导致冲突。例如，中东的底格里斯河和幼发拉底河是伊拉克和叙利亚的重要水源，但由于土耳其在上游修建了用于灌溉和水电的水坝，它们的引水量受到限制。相关国家还没有就水资源的共享达成协议。在各国内部，水消耗量的增加也耗尽了天然含水层。从20世纪60年代开始，印度旁遮普邦的水稻种植业蓬勃发展，导致了地下水位的严重下降。在印度和其他地方，制造业对地下水的抽取是一个日益严峻的问题。在20世纪90年代的澳大利亚，默累-达令盆地的棉花和水稻灌溉导致盐分向地表移动，并使人们损失了大量的可耕土地。几千年前的古代美索不达米亚也发生过类似的情况。

"我只知道，未来取决于你的行动。"

美国小说家沃尔特·莫斯利（Walter Mosley，1998年）

除非人类能实现全球范围内更有效的合作，否则对日益减少的资源的竞争和冲突可能会导致越来越多的混乱。如果全球变暖没能被遏制，世界上许多地方最终将不适合居住，原因可能是诸如洪水或荒漠化等。这将引发大量的难民潮。在我们不得不处理后果之前，从源头入手可能会更好。

如果全球变暖持续下去，农业生产力有可能崩溃，由此导致的粮食短缺可能意味着人类生命在地球上的结束。然而，还有其他相对来说更难预测的灭亡方式。更极端的情况包括大规模的核战争，可以在一瞬间消灭许多人。就算有生命形式在爆炸和辐射中成功幸存了下来，它们可能也无法度过紧随其后的核冬天；因为大量碎片被抛入大气层，可能会连续数年阻挡住太阳的光线，这将杀死大多数食物链底层的植物。另一种类似的核冬天可能是由一颗大型流星或彗星的撞击，或由黄石火山口这样超级火山的爆发而引起的。

在更加离奇的光谱另一端，科幻小说经常想象敌对的外星生物入侵了我们的世界。然而，尽管我们观察其他行星的能力有了很大提高，而且我们也在太阳系其他地方发现了水的存在，但这仍然是一个相当遥远的未来。可能还存在着离我们更近的敌人：一场严重到足以消灭人类的大型流行病。导致这一灭绝预想的罪魁祸首包括新的流感菌株、埃博拉病毒、卷土重来的黑死病、艾滋病（HIV或AIDS）病毒的变种、抗药性极高的结核病、生物战库存的泄漏，或者是另一种我们甚至还没有听说过的疾病。

许多生物物种已经灭绝了，而未来完全有可能轮到我们。即使人类真的存活了那么久，在大约十亿年后，太阳将变得非常炽热，令地球上的水无法保持液态。因此，地球上的所有生命仍然会灭绝一空。

那之后的久远未来，大约距今 50 亿年后，太阳会像其他同等大小的恒星一样，将大幅增大，成为天文学家所说的红巨星。这种膨胀将吞噬所有包括地球在内的内行星。

"大地感到了痛楚，大自然从座位上站起
透过万物叹息，发出哀伤的信号，哀叹着一切都失落了。"

约翰·弥尔顿（John Milton）《失乐园》第九卷（1667 年）

我们正处于太空旅行的早期阶段，还不确定最终能否在太阳系之间航行。然而，当太阳开始明显变热和膨胀时，这可能是唯一让人类生命可以延续下去的方法——如果那时我们还没有灭绝的话。

宇宙的命运

宇宙将如何结束？可能性之一是，它最终会遭受内爆，因为时间、光线和空间已经崩溃了。在这个理论中，自大爆炸开始的宇宙膨胀将耗尽动力，宇宙会开始向内收缩。

这个过程被称为"宇宙大收缩"（the Big Crunch），可能反过来导致另一次大爆炸，而这也许只是一个难以想象的漫长周期中发生的最近一次爆炸。另外还有人猜测，如果宇宙中没有足够的物质让引力带来大紧缩，熵可能会导致"宇宙热寂"（heat death of the universe），此时所有的能量都会消散，宇宙将会步入没有任何生命的永恒冰寒。

最近，为了回应一系列对于引力效应的观察，宇宙学家提出，宇宙质量的六分之五以上可能是由他们口中叫作"暗物质"的东西组成的。这是有质量的物质，但用现有技术无法观察到。这将使宇宙的质量远远大于迄今为止人类做出的所有想象。这也将使大爆炸成为可能性最大的情况。

与此相反，对远方超新星的观察表明，宇宙最远的部分不仅正在远离我们（正如大爆炸理论所预期的那样），而且其加速度正在增加。在此之前，物理学家们的预期是原始膨胀的势头会放缓。这种不断上升的加速度是无法解释的，而科学家们提出了一种神秘的"暗能量"，它的作用与引力相反，可能会导致宇宙无限地膨胀。这反过来又引出了另一种宇宙终结方式的可能猜想——在"宇宙大撕裂"（the Big Rip）中，宇宙中的所有物体无论大小，最终都会瓦解成基本粒子和辐射。

很显然，思考宇宙的终结会遇到一些哲学难题。首先，无论数学建模多么仔细，目前的猜想都无法被证明。它们取决于当下的观察结果，而这些观察结果曾经历过修改，并将被再次修改。其次，对于人类的思维来说，思考宇宙行为本身是一个非常困难的行为。宇宙是"已存在的一切"，而且要真正地想象它不存在的状态，对我们来说几乎是不可能的。可以想见，寻找宇宙的起点和终点这一过程完全是一个误导性的隐喻，它的基础仅仅是我们自己的经验，即所有生物的降生、一辈子，及其后续的死亡。甚至有可能存在许多平行宇宙，我们自己的宇宙只是其中之一。但在这个宇宙中，有意识的人不可能对这些其他的平行世界有任何直观的了解。

相对于人类历史来说，研究大历史的一个好处是，它让我们对自身存在的偶然性和短暂性有了谦卑的认识。我们每个人的存在只占人类在这个星球上存在时间的一小部分，而人类的存在又只占太阳系生命的一小部分，我们的太阳系也只是宇宙生命的一小部分，而且它之所以会诞生，只是因为在混乱的早期银河系，一组特定的力量和物质以某种方式结合到了一起。

我们能对宇宙和我们星球的历史有如此多的了解，已经是一项了不起的成就了。但在某种程度上，我们也别无选择，只能接受这一事实，认识到我们永远无法了解自身所在宇宙的全部故事。